지아의 **인형 리페인팅** 수업

| 일러두기 |

1 이 책의 리페인팅 방법은 베이비돌을 기준으로 쓰였습니다. 다만 연출컷은 저작권 문제 때문에 육일돌을
　활용하였습니다. 베이비돌의 종류에 따라 느낌 차이가 있을 수 있습니다.
2 컬러 변화와 채색 방법을 이해하기 쉽도록 실제 수업 때 사용하는 것과 동일하게 그림으로 설명하였습니다.
3 컬러 도구 중 수채 색연필의 색상 번호는 파버카스텔 수채 색연필을, 아크릴 물감의 색상 번호는 알파
　아크릴 물감을 기준으로 하였고, 컬러명은 이해하기 쉽도록 일부 변경했습니다. 제품이 달라도 유사한
　느낌의 컬러를 사용할 수 있습니다.
4 각 파트의 시작 페이지에 실제 베이비돌 리페인팅 영상의 QR코드를 실어 참고할 수 있도록 하였습니다.

세상에 하나뿐인 나만의 베이비돌 만들기

지아의 **인형 리페인팅** 수업

김지아 지음

나무[수:]

PROLOGUE

"어떻게 이 일을 시작하게 됐어요?"
"이런 걸 어디서 배우셨어요?"

리페인팅 일을 하면서 가장 많이 들었던 질문이 이 두 가지였습니다.
저는 어릴 때부터 그림 그리는 걸 무척 좋아했어요.
특히 만화 주인공 얼굴이나 캐리커처를 즐겨 그렸죠. 고등학교도 일부러 디자인과가 있는 학교로 지원하고, 자연스레 미대에 진학하게 됐어요. 대학 졸업 후에는 캐리커처 카페를 운영하기도 했죠.
그러다 친동생을 통해 우연히 '인형 리페인팅'을 알게 됐습니다.
아무것도 모른 채 시작한 인형 리페인팅 작업은 평면에만 그려 오던 걸 입체로 그려 완성하는 완전 신세계였어요.
작은 인형 얼굴에 내가 원하는 대로 색연필로 스케치를 하고, 물감으로 채색을 더해 인형에 생기를 불어넣으면 그때부터는 더 이상 그냥 인형이 아니라 든든한 친구가 하나 생긴 기분이 들었죠.
그렇게 저는 인형 리페인팅의 매력에 푹 빠졌어요.
인형 얼굴을 그린다는 건 단순히 얼굴을 그리는 것 이상이었어요.
리페인팅 된 다양한 표정의 인형들은 때로는 친구 같고, 때로는 아이 같았고, 내가 예쁘게 완성시킨 사랑스러운 인형들을 보고 있는 것만으로도 행복감이 몰려왔죠.
무료했던 일상에 매일매일 새로운 친구들이 생긴 것 같았어요.
변화는 이뿐만이 아니었어요. '인형'이 하나의 고리가 되어 함께 좋아해줄 수 있는 사람들과의 새로운 만남도 시작됐어요. 공통의 관심사가 있다 보니 더욱 잘 소통하고 공감했고, 그 안에서 안정과 즐거움을 느끼니 삶은 더 활력을 띠었죠.

이렇게 즐거운 '인형 리페인팅'을 많은 사람들에게 알려주고 싶어서 공방을 운영하고, 클래스도 진행하고 있어요.
하지만 바쁜 스케줄로 일일이 만날 수 없는 게 안타까워 이렇게 책으로 출간하게 되었습니다.
제가 처음 시작할 때도 그랬지만, 지금도 인형 리페인팅 책은 찾아보기 어려워요.
그래서 혼자서 조금씩 해보고 싶어도 쉽게 엄두가 나지 않는 취미였을 거예요.
다른 분들은 어떻게 하실지 모르겠지만 제 수업 과정을 토대로 가능한 한 자세히 꼼꼼하게 보여주고, 설명하려고 노력했어요.
그림으로만 보여지는 데는 한계가 있을 것 같아 내용을 참고하실 수 있도록 저의 유튜브 영상과 연동되는 QR코드를 넣었어요. 또 물감 사용이 어려운 완전 초보자들을 위해 색연필만으로 할 수 있는 리페인팅 방법도 부록에 담았고요. 어린 친구들이나 완전 초보라면 색연필로 먼저 연습해보는 것도 좋아요.
첫 책이다 보니 미비한 부분들도 있겠지만 인형을 좋아하시고, 리페인팅에 관심이 있으신 많은 분들에게 이 책이 조금이나마 도움이 될 수 있길 바라봅니다.
제가 그랬던 것처럼 이제는 취미가 직업이 되는 시대가 됐잖아요.
리페인팅 수업을 통해 나도 몰랐던 재능을 찾아 리페인터로서 제2의 삶을 시작한 분들도 주변에서 많이 보았어요.
꼭 무언가가 되기 위해서가 아니더라도 인형 리페인팅은 스스로도 행복하고, 그 행복을 주변에 전해줄 수 있는 세상에서 가장 행복한 취미라고 생각해요.
이 책과 함께 세상에서 가장 행복한 취미를 시작해보세요!

김지아

CONTENTS

PROLOGUE   4

인형 리페인팅이란   10
리페인팅 도구와 사용법   12
리페인팅을 시작하기 전에   16
리페인팅 용어 정리   17

CLASS 1 눈매 바꾸기
귀엽고 사랑스러운 소녀 · 강아지 눈매   20
새침한 소녀 · 고양이 눈매   28
신비로운 소녀 · 동양인 눈매   36

CLASS 2 다양한 기법 활용하기
순수한 아이 · 수채화 기법   46
청순한 아이 · 그러데이션 기법   54

CLASS 3 반개안 만들기
화사한 미소 · 미소 짓는 반개안   64
고혹적인 아름다움 · 우아한 반개안   72
도도한 걸크러시 · 섹시한 반개안   82

CLASS 4 눈동자 꾸미기

깜찍 윙크 · 윙크하는 눈	90
우주를 줄게 · 애니메이션 눈	96
별이 반짝반짝 · 별자리 눈	104

CLASS 5 다양한 표정 만들기

환하게 웃어요 · 눈웃음 표정	114
흥, 삐쳤어요 · 삐친 표정	120
눈물이 뚝뚝 · 울보 표정	126

부록

초보자를 위한 완전 쉬운 색연필 리페인팅	136
도움 주신 분들	142

인형 리페인팅이란

'리페인팅(Re-painting)'은 '다시 그리다'라는 의미입니다.

따라서 '인형 리페인팅'은 기존의 인형에 있던 페인트를 지우고 새로운 얼굴을 그려주는 작업이지요.

이렇게만 들으면 생소하고, 어렵게 느껴질 수 있지만 방학이 되면 초등학교, 중학교 아이들도 수업을 신청할 만큼 생각보다 어렵지 않아요. 그리고 나만의 인형을 갖게 되는 기쁨이 크죠.

약국에서 파는 아세톤을 이용하면 인형의 페인트는 쉽게 지울 수 있어요. 그리고 수채 색연필과 아크릴 물감, 때로는 파스텔을 이용해 원하는 대로 얼굴을 그려주면 완성입니다.

사람은 모두 다른 얼굴을 하고 있고, 다양한 표정을 지을 수 있어요. 그런데 공장에서 찍혀 나온 한 종류의 인형은 모두 같은 얼굴을 하고 있죠. 그런 인형에 새 얼굴을 그려주는 건 마치 새로운 자아를 찾아주는 일과 같아요. 같은 기법대로 그려도 누가 그렸는지에 따라, 또는 그때의 상황, 환경에 따라 분명 다른 부분이 생기기 마련이에요. 바로 그런 차이가 인형에게 특별한 자아를 부여하게 되는 거죠.

무표정, 또는 같은 표정을 하고 있는 인형에게 나의 감정을 담아 다양한 표정을 그려보세요. 웃는 아이를 그릴 때는 저도 모르게 같이 웃으면서 그리게 되고, 삐친 아이나 우는 아이를 그릴 때는 저도 같이 찡그리게 돼요. 내 얼굴 근육의 움직임을 그대로 표현하기 위해서 일부러 표정을 지을 때도 있고, 그랬을 때 더욱 생동감 있는 표정이 나오는 게 맞긴 하지만, 저도 모르게 같은 표정을 짓고 있는 저 자신을 깨달을 때면 괜히 웃음이 납니다. 그리고 그런 과정 속에서 어느새 그 인형과 둘도 없는 친구가 되죠.

인형을 더 예쁘게 만들어주고 싶어서 리페인팅을 하는 사람들도 있지만 이야기를 들어보면 실은 나만의 인형을 갖고 싶다는 마음이 더 큰 것 같습니다. 대부분의 인형은 이미 자체로 예쁘게 만들어져 나오잖아요. 그런데 서툰 솜씨로 리페인팅을 하고 나면 눈썹이 조금 비뚤어진 것 같기도 하고, 아이라인이 살짝 번진 듯 보이기도 하지만, 그래도 그 인형이 세상에서 가장 예쁘고 소중한 인형이 되어버립니다. 왜냐하면 세상에 하나뿐인 나만의 인형이니까요.

이제, 나만의 인형을 만날 준비 되셨나요?

지금부터 차근차근 인형 리페인팅 방법을 알려드릴게요.

리페인팅 도구와 사용법

기본 도구

아세톤

인형에 있는 기존 페인팅을 지우는 클렌징 작업에 사용합니다. 아세톤 원액은 약국이나 인터넷을 통해 구입할 수 있어요. 펌핑 케이스에 담아 사용하면 더욱 편리합니다. 아세톤을 매직블록에 묻혀 사용하면 돼요.

매직블록과 면봉

화장솜으로도 지워지긴 하지만 청소용으로 많이 사용하는 매직블록에 아세톤을 묻혀 사용하면 훨씬 더 잘 지워져요. 스케치하기, 컬러 입히기 과정 중에서 수정이 필요하거나 선 지우기 등에 지우개 대신 사용해도 좋아요. 작은 면적을 지우거나 수정해야 할 때는 면봉을 사용하면 편리해요.

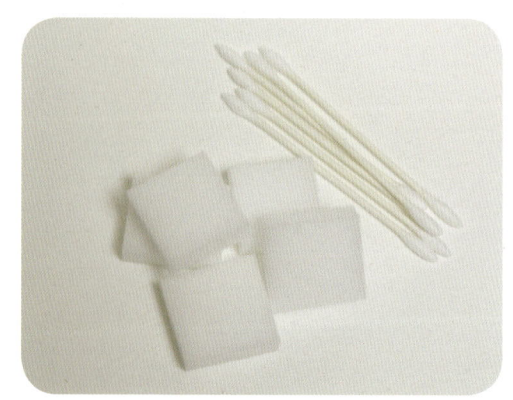

무광코팅제

클렌징을 마친 뒤. 컬러 작업 후 중간중간 코팅제를 뿌리면 더 안전하게 작업할 수 있어요. 코팅제는 20~30cm 거리에서 얼굴에 골고루 뿌리되 촉촉한 느낌이 들 정도로 두세 번만 뿌리면 돼요. 너무 많이 뿌릴 경우 크랙이 생기기 쉬워요. 코팅제를 뿌린 뒤에는 미니 선풍기나 드라이기를 사용해주면 금방 마릅니다. 일본산 Mr. HOBBY에서 나오는 슈퍼클리어를 주로 사용하는데 인터넷으로 구입할 수 있어요.

원형 스티커

다이소나 문구점에서 쉽게 구할 수 있는 원형 스티커는 눈동자를 그릴 때 활용하기 좋아요. 주로 지름 1.6cm를 사용하며, 눈동자를 크게 그리고 싶을 때는 지름 1.9cm를 사용합니다.

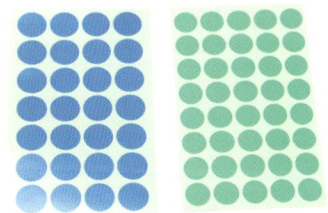

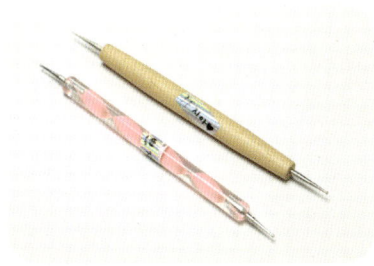

도트펜

흔히 먹지에 도안을 그리거나 네일아트에 사용하는 도트펜에 흰색 아크릴 물감을 살짝 묻히면, 인형의 눈동자를 더욱 반짝이게 하는 점을 그릴 수 있어요.

붓

붓은 종류별로 용도가 다르기 때문에 몇 개 가지고 있으면 활용하기 좋아요. 붓을 사용할 때는 항상 위에서 아래로 내려오게 칠해주세요.

❶ 세필붓(0호)
  홍채 표현을 주로 하고, 작은 선과 점 등 작업이 가능해요. 화홍 356 0호를 사용하고 있어요.

❷ 사선 납작붓
  눈동자 바탕을 칠할 때 사용해요. 바바라 2950 1/6호를 사용하고 있어요.

❸ 둥근 납작붓
  파스텔을 묻혀 칠하기 좋아요. 저는 바바라 2600-KFG 4호를 사용하고 있는데, 시중에 파는 5mm 납작붓을 사용해도 돼요.

❹ 작은 납작붓
  검정 파스텔 작업에 주로 사용해요. 저는 바바라 2600SGB 0호를 사용하고 있는데, 시중에 파는 2mm 납작붓을 사용해도 돼요.

❺ 볼터치 붓
  2cm 정도 되는 파운데이션용 붓을 사용하면 돼요.

컬러 도구

수채 색연필

이 책에서는 파버카스텔 알버트뒤러 수채 색연필을 사용했습니다. 색상 번호 역시 이 색연필을 기준으로 적었습니다. 컬러는 원하는 대로 자유롭게 사용할 수 있으나 베이스로 사용하는 컬러가 몇 가지 있습니다. 갈색(283)은 스케치에 주로 사용합니다. 고동색(177)은 눈썹에 진하게 음영을 줄 때 주로 사용합니다. 검정(199)은 아이라인과 동공을 그릴 때 주로 사용합니다. 코럴색(130)은 눈의 점막을 표현할 때 주로 사용하고, 그 외에 톤을 정리해주는 흰색(101)도 꼭 필요한 색연필 중 하나입니다. 색연필로 그러데이션 할 때는 진한 색에서 연한 색으로 덧칠하듯 해주세요.

아크릴 물감

리페인팅에서 아크릴 물감을 사용할 때는 물을 많이 섞어 묽게 만든 뒤 붓에 묻혀 연하게 칠해주세요. 연하게 여러 번 덧칠해야 더 자연스러운 컬러를 만들 수 있습니다. 이 책에서는 알파 아크릴 물감을 사용해 색상 번호도 거기에 맞췄어요. 대개 원색 계열이기 때문에 검정과 흰색 아크릴 물감을 섞어 채도를 낮춰 사용해야 색이 예쁘게 나와요.

파스텔

파스텔은 붓에 묻혀 톡톡 털어준 뒤 칠해야 안 뭉쳐요. 한 번에 칠하려고 하지 말고 연하게 여러 번 칠해주세요. 이때 종이에 색상별로 갈아서 사용하면 발색이 더욱 잘돼요. 사용법은 화장할 때 쓰는 볼터치나 아이섀도의 개념을 떠올려보면 이해가 쉬워요. 저는 램브란트 파스텔을 사용하고 있어요.

리페인팅을 시작하기 전에

인형 리페인팅을 시작하기 전에 각 단계에 대해 짧게 소개합니다.
리페인팅하는 과정은 크게 4단계로 나눌 수 있습니다.
단계별로 미리 살펴본 뒤에 리페인팅을 시작하면 이해가 더욱 쉬워요.

WARM UP	▶	STEP 1	▶	STEP 2	▶	STEP 3
클렌징		스케치하기		컬러 입히기		마무리하기

WARM UP 클렌징 : 인형에 있던 메이크업을 지우는 과정입니다. 모든 인형 리페인팅의 시작 전에 적용되는 부분이라 여기서 한번에 소개합니다. 이후 모든 과정 전에 클렌징해주세요. (준비물 : 아세톤 · 매직 블록 · 무광코팅제)

01 매직블록에 약국용 아세톤이나 아세톤 원액을 묻혀주세요.

02 문지르지 말고 닦아내듯 한번에 쓱 지워주세요. 페인팅이 묻지 않을 때까지 닦은 뒤 마른 매직 블록으로 털어주듯 닦아주세요.

03 바람을 등지고 20~30cm 거리에서 코팅제를 촉촉하게 뿌려주세요. 코팅제를 뿌린 뒤 미니 선풍기를 사용하면 금방 말라요.

STEP 1 스케치하기 : 아크릴 물감으로 채색을 하기 전에 수채 색연필을 이용해 원하는 표정을 그리는 과정입니다. 이 과정에서 베이스 섀딩을 함께 해줍니다.

STEP 2 컬러 입히기 : 본격적으로 작업하는 과정입니다. 이 과정에서는 눈동자, 동공, 홍채에 아크릴 물감으로 컬러를 입힙니다. 책에 소개된 컬러 외에 원하는 컬러를 다양하게 사용하면 진짜 나만의 인형을 만나는 즐거움을 느낄 수 있습니다.

STEP 3 마무리하기 : 리터치 작업으로 좀 더 생기 있는 얼굴을 만들어내는 과정입니다. 작업 후에 무광코팅제를 뿌려주면 변형 없이 오래 보존할 수 있습니다.

리페인팅 용어 정리

인형 리페인팅을 하다 보면 얼굴의 요소를 알아가는 재미도 있답니다.
대개는 잘 아는 용어들이지만 혼동되는 부분도 있을 수 있어 정리해보았습니다.

동공 작업 시 유의할 점

눈동자의 방향에 따라 동공의 부채꼴 모양이 달라져요. 아래 그림을 참고해주세요.

왼쪽을 볼 때

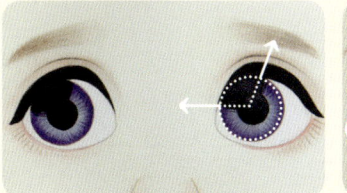

부채꼴 방향은 9시, 1시

정면을 볼 때

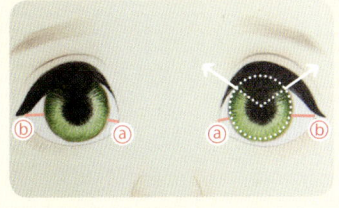

ⓐ가 ⓑ보다 좁도록 눈동자를 살짝 안쪽으로 모아 그린 뒤, 부채꼴 방향은 10시, 2시

오른쪽을 볼 때

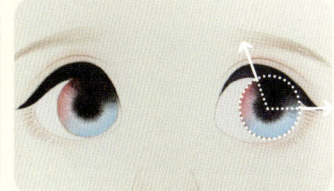

부채꼴 방향은 11시, 3시

CLASS 1

눈매 바꾸기

때로는 둥글게, 때로는 날카롭게
눈매만 바꿔도 전혀 다른 느낌을 연출할 수 있어요.
이번 수업에서는 귀엽고 사랑스러운 소녀부터
새침한 소녀, 신비로운 소녀까지 도전해볼 거예요.

베이비돌 리페인팅
영상을 참고하세요.

— 강아지 눈매 —
귀엽고 사랑스러운 소녀

동글동글 귀여운 강아지 눈매로
사랑스러움을 더한 소녀를 만들어보세요.
가장 기본 형태로, 인형 리페인팅 방법을 익힐 수 있어요.

TOOLS

기본 도구
아세톤·매직블록·무광코팅제·지름 1.6cm 원형 스티커·붓·도트펜

컬러 도구
수채 색연필 장미색(124)·코럴색(130)·고동색(177)·검정(199)·갈색(283)
아크릴 물감 흰색(901)·보라(941)·베이지(971)·검정(999)
파스텔 연분홍·연갈색·빨강·검정

인형
클렌징을 마친 베이비돌(p.16 참조)

HOW TO REPAINT

STEP 1
스케치하기

∞ 아이라인·눈동자 그리기

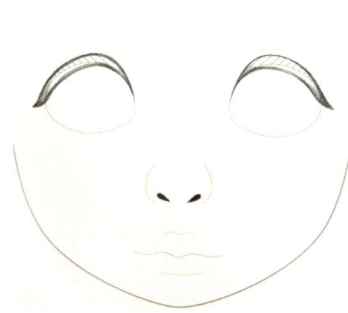  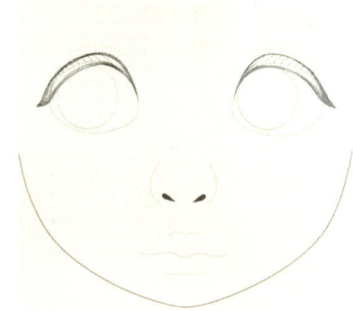

01 검정 색연필로 아이라인을 그립니다. 위쪽은 각진 부분을 따라 아래쪽은 원래 라인보다 조금 아래로 그려 두께감을 주세요.

02 지름 1.6cm의 원형 스티커를 양쪽 눈에 붙입니다. 정중앙보다는 약간 왼쪽 측면에 붙여주세요.

03 갈색 색연필로 스티커를 따라 원을 그린 뒤 스티커를 제거합니다.

∞ 쌍꺼풀·속눈썹·눈썹 그리기

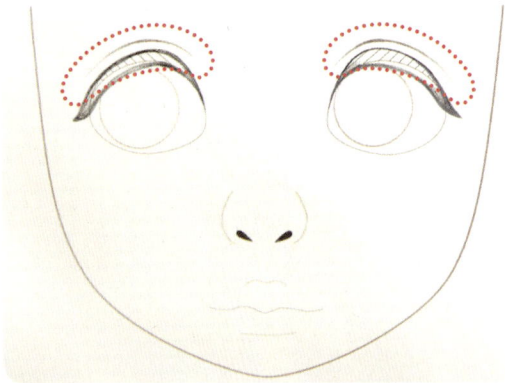

04 고동색 색연필로 아이라인 위에 쌍꺼풀을 그려요. 가운데부터 그리되 가운데는 진하게 끝으로 갈수록 연하게 그려주세요.

TIP 깊이감이 필요한 부분은 뾰족한 색연필로 굴곡 사이를 바짝 세워 그려요.

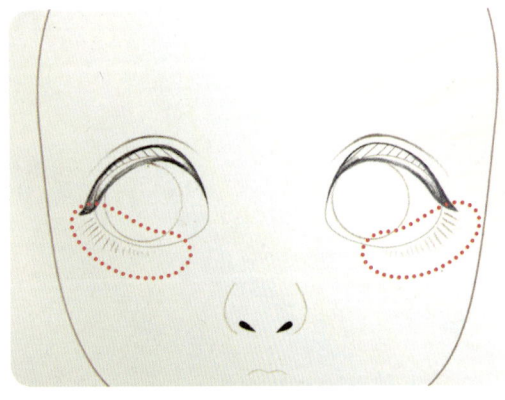

05 갈색 색연필로 눈 밑에 속눈썹을 그려요. 1mm 간격으로 끝에서부터 자연스럽게 길이를 줄이며 눈 아래 중앙까지 그립니다.

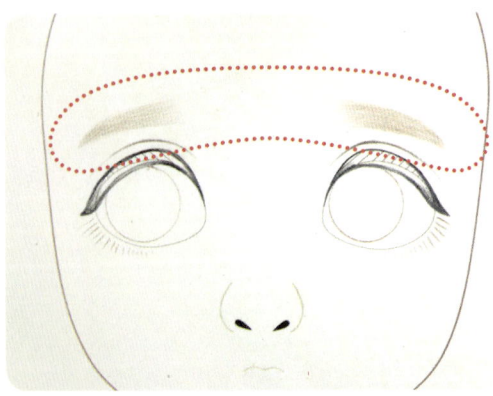

06 갈색 색연필로 눈 위 중앙에서 양쪽으로 눈썹 각을 맞춰 그려요. 눈썹 끝을 눈꼬리에 맞추고 앞쪽은 연하게 칠합니다.

TIP 눈썹 앞쪽은 매직블록으로 문질러 연하게 해줄 수 있어요.

∞ 입술·점막 그리기

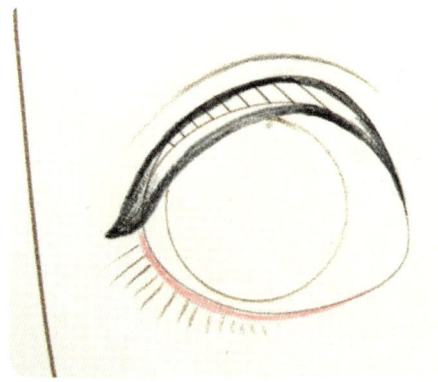 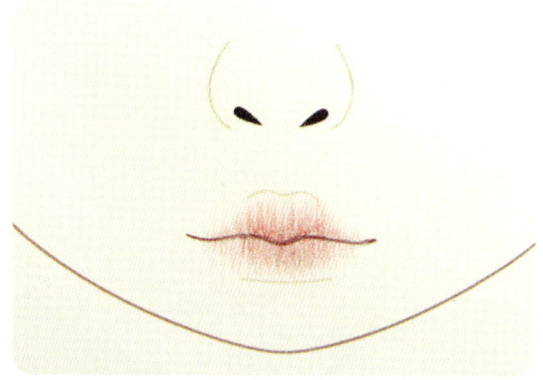

07 코럴색 색연필로 아래 속눈썹 바로 안쪽에 점막을 그려요.

08 장미색 색연필로 입술 가운데 라인을 그린 다음 입술의 중앙부터 세로결로 칠해요. 코럴색 색연필로 빈틈을 메워요.

∞ 베이스 섀딩 주기

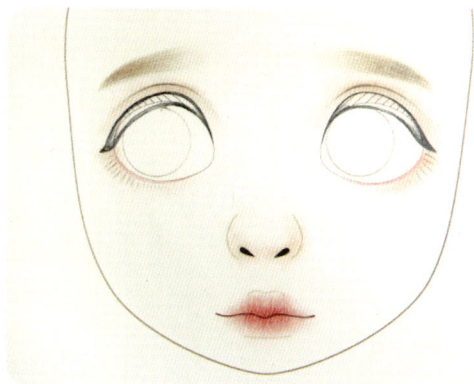

09 연갈색 파스텔을 붓에 묻혀 눈과 코에 섀딩을 줍니다. 눈썹 앞은 연하게 끝은 진하게, 쌍꺼풀은 중앙은 진하게 좌우로 연하게, 눈 아래는 안쪽은 연하게 바깥은 진하게 칠해요. 입술은 빨강 파스텔로 가운데는 진하게 좌우로 연하게 펴주듯 칠해요.

STEP 2
컬러 입히기

❦ 눈동자 칠하기

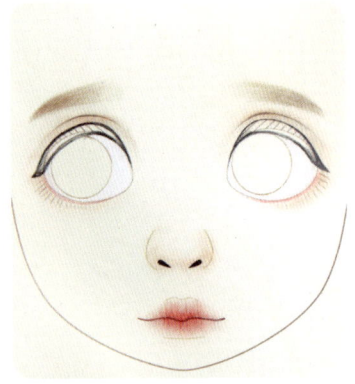  

10 흰색 아크릴 물감에 물을 적당히 섞어 살짝 비치는 느낌이 드는 상태에서 흰자위를 칠해요. 얇게 칠한 뒤 말리고 덧바르는 작업을 3~5회 반복해요.

11 보라 아크릴 물감에 검정과 흰색 아크릴 물감을 섞어 채도를 낮추고, 물을 섞어 묽게 만든 뒤 납작 붓을 이용해 눈동자를 칠해요.

❦ 홍채 칠하기

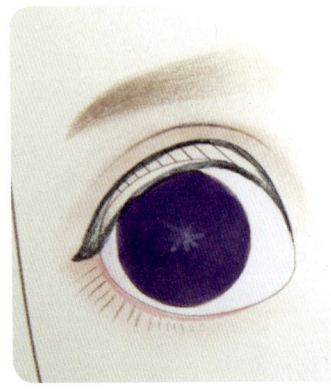 

12 흰색 아크릴 물감에 물을 적당히 섞어서 눈의 중앙에 별표를 그려요.

13 12를 중심으로 바깥을 향해 연한 선들을 그어주세요. 가장자리에 2~3mm 정도의 공간을 남겨요. 3회 정도 반복하면 자연스럽게 그러데이션이 돼요.

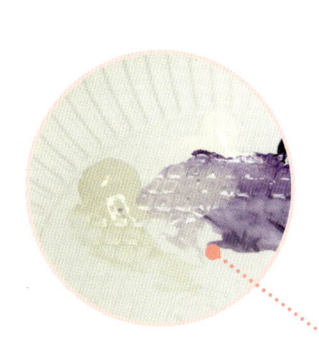

14 보라와 베이지 아크릴 물감을 섞어 중간색을 만든 뒤, 공간을 채우는 느낌으로 13과 바탕색을 연결하듯 선으로 연하게 칠해요.

15 중간색과 밝은색의 경계를 없애기 위해 흰색 아크릴 물감으로 얇게 한 번 더 칠해요.

∞ 동공 칠하기

16 검정 색연필로 눈동자의 중앙을 기준으로 눈동자 절반 길이의 십자 모양을 그린 뒤 원으로 이어주세요.

17 검정 색연필로 눈동자와 아이라인이 닿는 부분을 부채꼴 모양으로 표시해요(9시, 1시 방향).

18 색연필로 표시한 동공과 부채꼴, 아이라인을 검정 아크릴 물감으로 칠해요. 연하게 여러 번 덧칠해주세요.

STEP 3
마무리하기

∞ 눈 정리하기

19 검정 아크릴 물감으로 부채꼴 양옆에 서너 개의 선을 그어 자연스럽게 눈동자와 연결시켜요.

20 동공과 부채꼴 부분을 검정 파스텔로 칠하고 눈동자와 연결해요. 동공 테두리도 1mm 정도씩 빼서 자연스럽게 연결시켜도 좋아요.

TIP 물감으로 1mm씩 빼기 어려울 경우 색연필을 사용해도 돼요.

21 검정 색연필로 부채꼴 부분에서 홍채로 이어지는 부분과 동공 부분을 정리해요. 아이라인이 깔끔하지 않은 경우 검정 색연필로 다시 선을 정리해요.

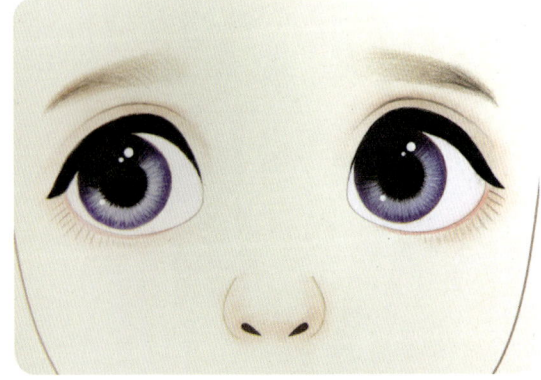

22 도트펜을 이용해 사선 방향으로 그림과 같이 흰 점을 찍어주세요.

∞ 눈썹·속눈썹 정리하기

23 고동색 색연필로 눈썹을 바깥쪽부터 안쪽으로 사선으로 그려요. 중간쯤 왔을 때 안쪽으로 모이듯 결을 그려요. 아래 속눈썹은 고동색 색연필로 뿌리 쪽을 진하게 다시 한번 그려주고, 길이도 맞춰요.

∞ 기타 정리하기

24 눈썹, 쌍꺼풀과 눈의 언더라인을 연갈색 파스텔로 다시 한번 칠해요. 입술도 중앙부터 빨강 파스텔로 진하게 덧칠하고, 연분홍 파스텔로 볼터치를 동그랗게 퍼지듯 칠해요.

— 고양이 눈매 —
새침한 소녀

눈꼬리를 살짝 올리면
새침한 매력이 돋보이는 소녀를 완성할 수 있어요.
눈동자는 원하는 컬러를 사용해 다양하게 연출해도 좋아요.

TOOLS

기본 도구

아세톤·매직블록·무광코팅제·지름 1.6cm 원형 스티커·붓·도트펜

컬러 도구

수채 색연필 장미색(124)·코럴색(130)·고동색(177)·검정(199)·갈색(283)
아크릴 물감 흰색(901)·하늘색(931)·검정(999)
파스텔 연분홍·연갈색·빨강·검정

인형

클렌징을 마친 베이비돌(p.16 참조)

HOW TO REPAINT

STEP 1
스케치하기

∞ 아이라인·눈동자 그리기

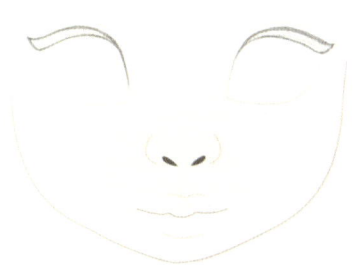  

01 검정 색연필로 아이라인을 그립니다. 원래 라인보다 위는 살짝 더 위에, 아래쪽은 조금 더 아래로 그려 두께감을 주세요.

02 지름 1.6cm의 원형 스티커를 양쪽 눈에 붙입니다. 정중앙보다는 약간 왼쪽 측면에 붙여주세요.

03 갈색 색연필로 스티커를 따라 원을 그린 뒤 스티커를 제거합니다.

∞ 쌍꺼풀·속눈썹 그리기

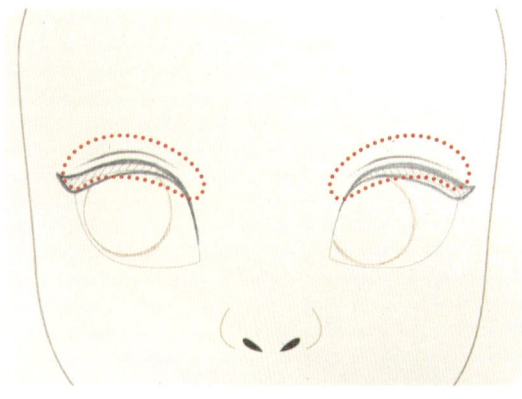 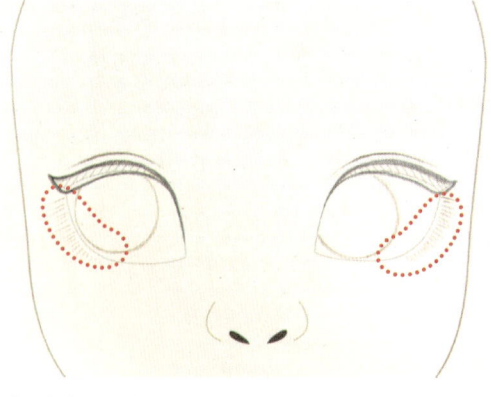

04 고동색 색연필로 아이라인 위에 쌍꺼풀을 그려요. 가운데부터 그리되 가운데는 진하게 끝으로 갈수록 연하게 그려주세요.

TIP 깊이감이 필요한 부분은 뾰족한 색연필로 굴곡 사이를 바짝 세워 그려요.

05 갈색 색연필로 눈 밑에 속눈썹을 그려요. 1mm 간격으로 끝에서부터 자연스럽게 길이를 줄이며 눈 아래 중앙까지 그립니다.

∞ 입술·점막 그리기

06 코럴색 색연필로 아래 속눈썹 바로 안쪽에 점막을 그리고 장미색 색연필로 입술 가운데 라인을 그려요.

∞ 눈썹 그리기

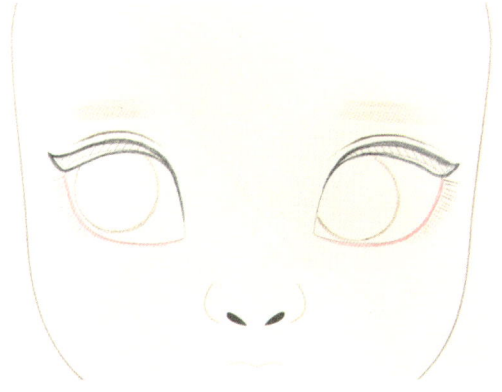

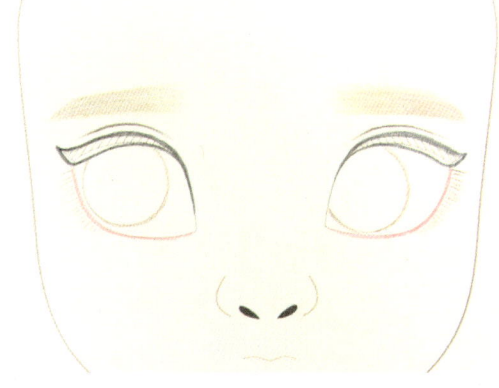

07 눈썹은 일자 눈썹으로 그릴 거예요. 갈색 색연필로 눈의 중앙에서 양쪽으로 일자로 잡아줘요.

08 눈썹 끝을 처지지 않게 그대로 연장해 꼬리까지 그린 다음, 앞쪽은 연하게 칠하고 눈썹 꼬리는 고동색 색연필로 진하게 칠해 그러데이션을 줘요.

TIP 눈썹 앞쪽은 매직블록으로 문질러 연하게 해줄 수 있어요.

∞ 베이스 섀딩 주기

09 연갈색 파스텔을 붓에 묻혀 눈과 코에 섀딩을 줍니다. 눈썹 앞은 연하게 끝은 진하게, 쌍꺼풀은 중앙은 진하게 좌우로 연하게, 눈 아래는 안쪽은 연하게 바깥은 진하게 칠해요. 입술은 빨강 파스텔로 가운데는 진하게 좌우로 연하게 펴주듯 칠해요.

STEP 2
컬러 입히기

∞ 눈동자 칠하기

  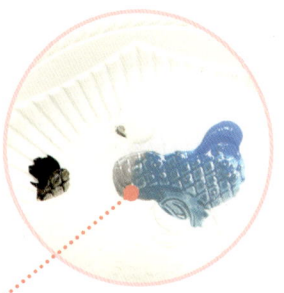

10 흰색 아크릴 물감에 물을 적당히 섞어 살짝 비치는 느낌이 드는 상태에서 흰자위를 칠해요. 얇게 칠한 뒤 말리고 덧바르는 작업을 3~5회 반복해요.

11 하늘색 아크릴 물감에 검정과 흰색 아크릴 물감을 섞어 채도를 낮추고, 물을 섞어 묽게 만든 뒤 납작붓을 이용해 눈동자를 칠해요.

∞ 홍채 칠하기

12 흰색 아크릴 물감으로 눈동자 중앙에서 바깥을 향해 연한 선들을 그어주세요. 가장자리에 2~3mm 정도의 공간을 남겨요. 3회 정도 반복하면 자연스럽게 그러데이션이 돼요.

13 흰색과 하늘색 아크릴 물감을 섞어 중간색을 만든 뒤, 공간을 채우는 느낌으로 **01**과 바탕색을 연결하듯 선으로 연하게 칠해요.

14 중간색과 밝은색의 경계를 없애기 위해 흰색 아크릴 물감으로 얇게 한 번 더 칠해요.

∞ 동공 칠하기

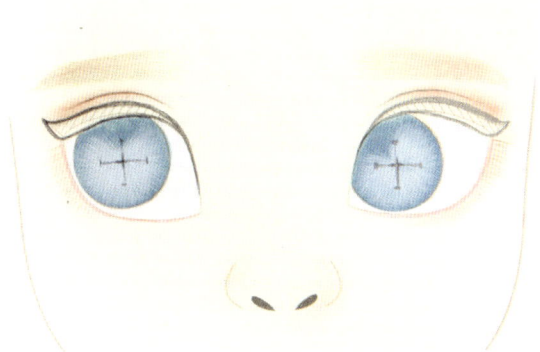

15 검정 색연필로 눈동자의 중앙을 기준으로 눈동자 절반 길이의 십자 모양을 그린 뒤 원으로 이어주세요.

16 검정 색연필로 눈동자와 아이라인이 닿는 부분을 부채꼴 모양으로 표시해요(9시, 1시 방향).

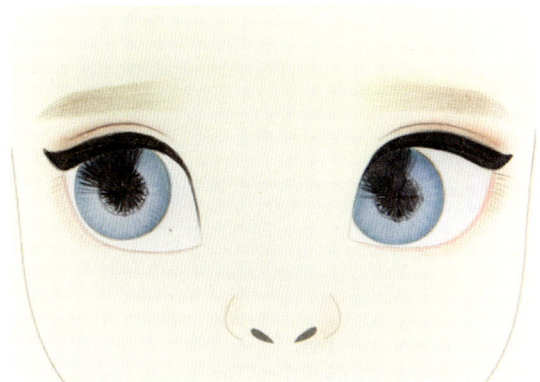

17 색연필로 표시한 동공과 부채꼴, 아이라인을 검정 아크릴 물감으로 칠합니다. 연하게 여러 번 덧칠해요.

STEP 3 마무리하기

∞ 눈 정리하기

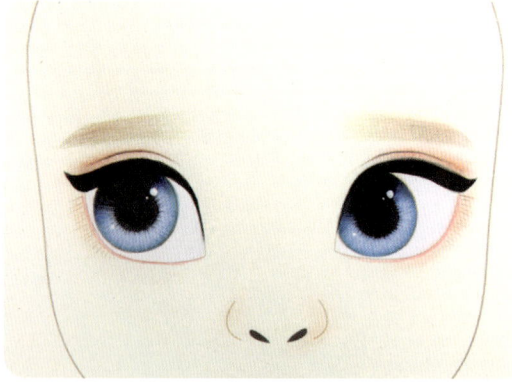

18 검정 아크릴 물감으로 부채꼴 양옆에 서너 개의 선을 그어 자연스럽게 눈동자와 연결시켜요. 동공 테두리도 1mm 정도씩 빼서 자연스럽게 연결시켜요.

TIP 물감으로 1mm씩 빼기 어려울 경우 색연필을 사용해도 돼요.

19 동공과 부채꼴 부분을 검정 파스텔로 칠하고 눈동자와 연결해요. 검정 색연필로 부채꼴 부분에서 홍채로 이어지는 부분과 동공 부분을 정리해요. 도트펜을 이용해 사선 방향으로 그림과 같이 흰 점을 찍어요.

∞ 눈썹·속눈썹 정리하기

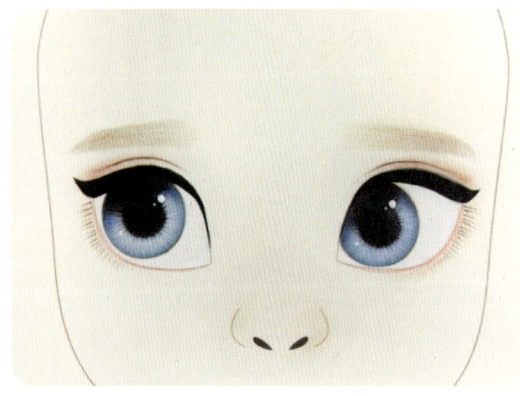
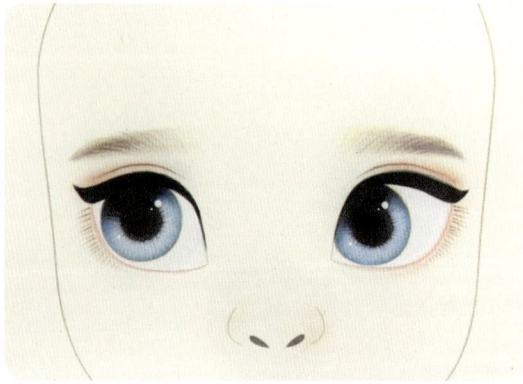

20 아래 속눈썹은 고동색 색연필로 뿌리 쪽을 진하게 다시 한번 그려주고, 길이도 맞춰요.

TIP 길이가 너무 길면 매직블록으로 끝을 살짝 지워요.

21 고동색 색연필로 눈썹을 바깥쪽부터 안쪽으로 사선으로 그려요. 중간쯤 왔을 때 안쪽으로 모이듯 결을 그려요.

TIP 눈썹 끝을 진하게 해야 자연스러워요.

∞ 기타 정리하기

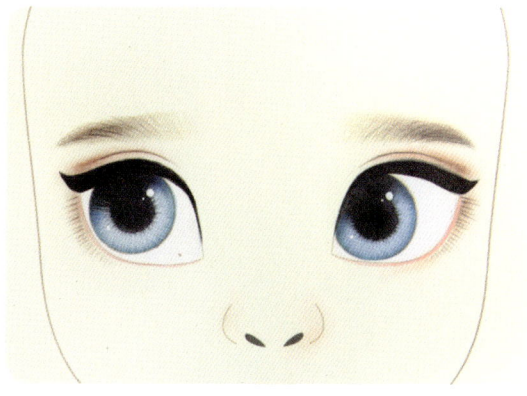

22 코럴색 색연필로 공간을 메우며 입술을 칠한 뒤, 연분홍 파스텔로 톡톡 색을 채워 마무리해요.

23 눈꼬리 쪽을 갈색이나 고동색 색연필로 한 번 더 진하게 그림과 같이 칠해요. 눈의 언더라인도 눈꼬리 쪽을 한 번 더 살짝 진하게 칠하면 고양이 눈매의 포인트를 살릴 수 있어요.

24 연분홍 파스텔로 볼터치를 동그랗게 퍼지듯 칠해요.

— 동양인 눈매 —
신비로운 소녀

눈을 작게 만들 필요 없이 눈꼬리를 길게 빼고,
눈동자를 검정 계열로 표현하는 것만으로도
신비로운 동양적인 느낌을 낼 수 있어요.

TOOLS

기본 도구

아세톤·매직블록·무광코팅제·지름 1.9cm 원형 스티커·붓·도트펜

컬러 도구

수채 색연필 장미색(124)·코럴색(130)·고동색(177)·검정(199)·갈색(283)
아크릴 물감 흰색(901)·세피아(928)·검정(999)
파스텔 연분홍·연갈색·빨강·검정

인형

클렌징을 마친 베이비돌(p.16 참조)

HOW TO REPAINT

STEP 1 스케치하기

∞ 아이라인 그리기

∞ 쌍꺼풀·속눈썹·점막·입술 그리기

01 검정 색연필로 아이라인을 그립니다. 위는 원래 라인보다 살짝 위로, 아래는 홈에 딱 맞게 그려요. 그림자 진 부분에 맞추면 돼요.

02 검정 색연필로 아이라인 위에 쌍꺼풀을 그려요. 가운데는 진하게 끝으로 갈수록 연하게 그려주세요. 고동색 색연필로 눈 밑에 속눈썹을 그려요. 코럴색 색연필로 점막을 그리고, 장미색 색연필로 입술 가운데 라인을 그려요.

❧ 눈썹·눈동자 그리기

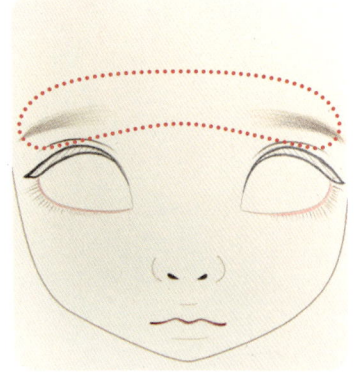 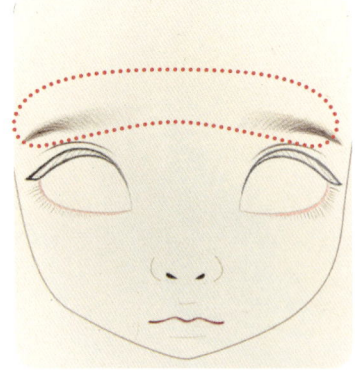 

03 갈색 색연필로 눈 위 중앙에서 양쪽으로 눈썹 각을 맞춰 그려요. 눈매처럼 눈썹도 길게 그려주세요.

TIP 눈썹 앞쪽은 매직블록으로 문질러 연하게 해줄 수 있어요.

04 고동색 색연필로 눈썹을 사선으로 그려요. 눈썹 중간쯤 왔을 때 안쪽으로 모이듯 결을 그려요.

05 지름 1.9cm 원형 스티커를 양쪽 눈에 붙입니다. 정중앙보다는 약간 안쪽으로 모으고 갈색 색연필로 눈동자를 그려요.

❧ 베이스 섀딩 주기

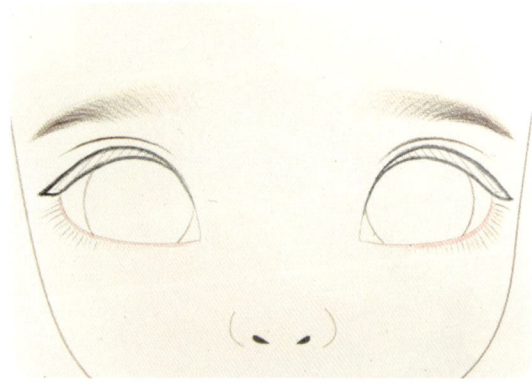 

06 스티커를 제거한 모습입니다. 양쪽의 눈 안쪽 공간이 동일한지 확인해주세요.

07 연갈색 파스텔을 붓에 묻혀 눈과 코에 섀딩을 줍니다. 눈썹 앞은 연하게 끝은 진하게, 쌍꺼풀은 중앙은 진하게 좌우로 연하게, 눈 아래는 안쪽은 연하게 바깥은 진하게 칠해요. 입술은 빨강 파스텔로 가운데는 진하게 좌우로 연하게 펴주듯 칠해요.

STEP 2
컬러 입히기

∞ 눈동자 칠하기

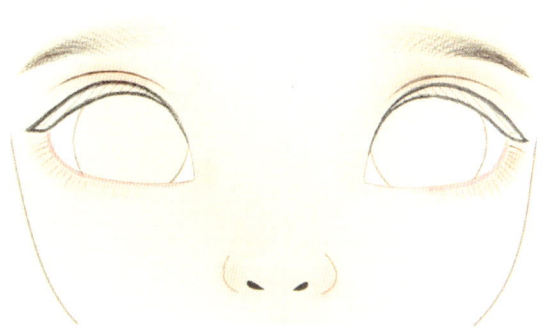 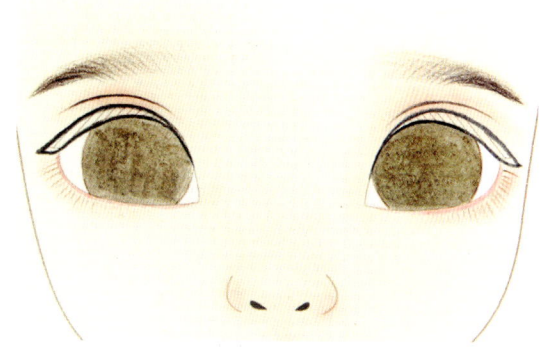

08 흰색 아크릴 물감에 물을 적당히 섞어 살짝 비치는 느낌이 드는 상태에서 흰자위를 칠해요. 얇게 칠한 뒤 말리고 덧바르는 작업을 3~5회 반복해요.

09 세피아 아크릴 물감에 물을 섞어 묽게 만든 뒤 납작붓을 이용해 눈동자를 칠해요.

∞ 동공 칠하기

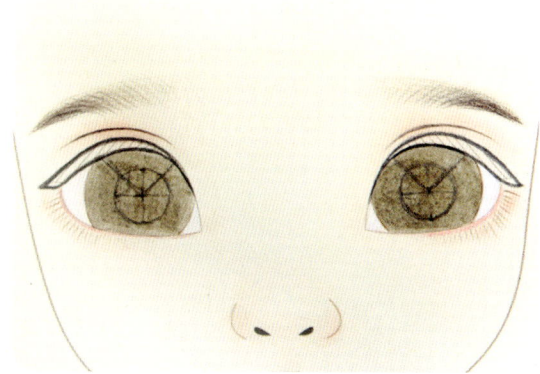 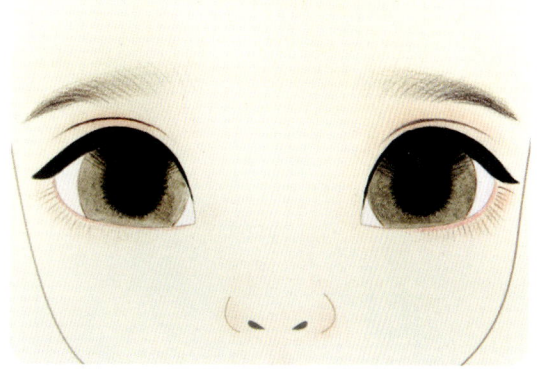

10 검정 색연필로 눈동자의 중앙을 기준으로 눈동자 절반 길이의 십자 모양을 그린 뒤 원으로 이어주세요. 눈동자와 아이라인이 닿는 부분을 부채꼴 모양으로 표시해요(10시, 2시 방향).

11 색연필로 표시한 동공과 부채꼴, 아이라인을 검정 아크릴 물감으로 칠합니다. 연하게 여러 번 덧칠해요.

∞ 홍채 칠하기

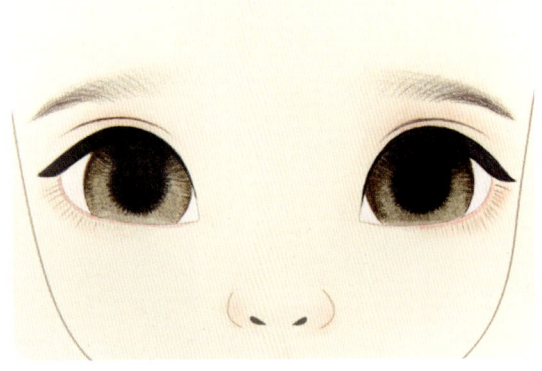

12 세피아 아크릴 물감으로 부채꼴 양옆에 가는 선을 넣어줍니다.

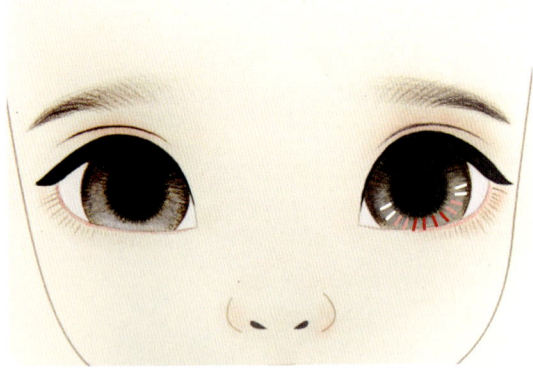

13 흰색 아크릴 물감으로 홍채를 칠해요. 아래쪽은 밝게, 양옆은 연하게 칠하되 양옆은 가장자리와 2~3mm 간격을 띄어요. 2회 반복해 자연스럽게 그러데이션 해요.

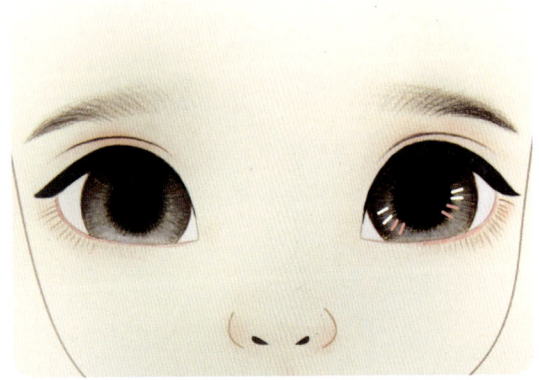

14 세피아와 흰색 아크릴 물감을 섞어 중간색을 만든 뒤, *12*와 *13*을 연결하듯 선으로 연하게 칠해요. 단, 아랫부분은 제외하고 양옆만 칠해주세요.

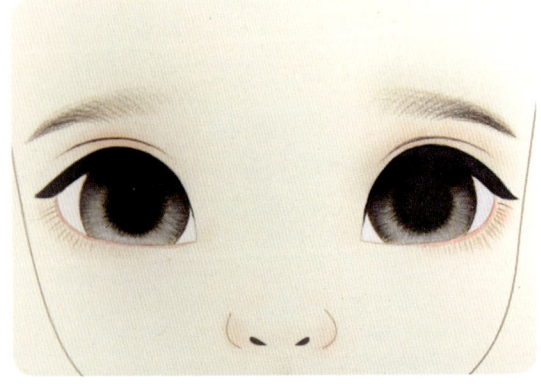

15 중간색과 밝은색의 경계를 없애기 위해 흰색 아크릴 물감으로 얇게 한 번 더 칠해요.

STEP 3
마무리하기

∞ 눈 정리하기

16 동공과 부채꼴 부분을 검정 파스텔로 칠해요. 검정 색연필로 부채꼴 부분에서 홍채로 이어지는 부분과 동공 부분을 정리해요. 고동색 색연필로 그러데이션을 더욱 부드럽게 해요.

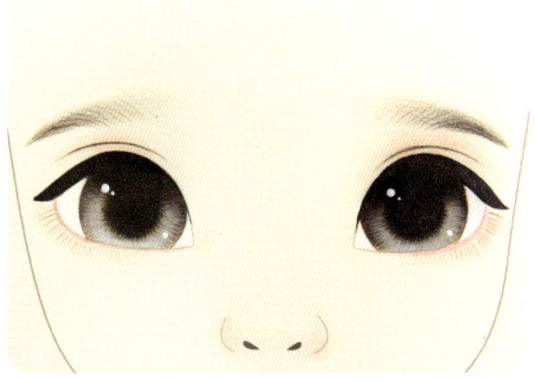

17 도트펜을 이용해 사선 방향으로 그림과 같이 흰 점을 찍어주세요.

∞ 눈썹·속눈썹 정리하기

18 검정 색연필로 다시 눈썹 결을 그린 다음, 검정 파스텔로 바깥은 진하게 안쪽은 연하게 그러데이션 하듯 칠해요.

19 고동색 색연필로 아래 속눈썹의 뿌리 쪽을 진하게 다시 한번 그리고 길이를 맞춰요.

∞ 기타 정리하기

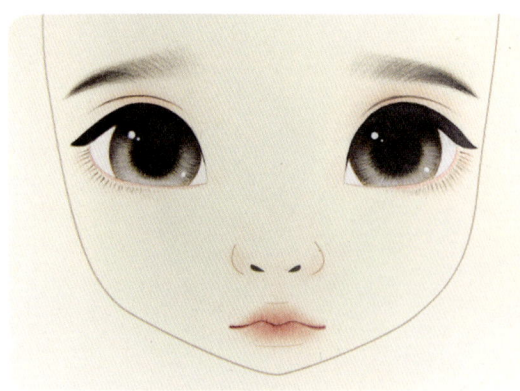 

20 코럴색 색연필로 입술을 채우고, 빨강 파스텔로 색을 넣어 마무리해요.

21 눈썹, 쌍꺼풀과 눈동자 아랫부분을 연갈색 파스텔로 다시 한번 칠해요. 연분홍 파스텔로 볼터치를 동그랗게 퍼지듯 칠해요.

CLASS 2

다양한 기법 활용하기

방법은 같아 보여도
물을 더 섞어 수채화 느낌을 내거나
컬러를 그러데이션 해 사용하면
인형의 분위기가 달라질 수 있어요.
꼭 정해진 도구만이 아니라
집에 흔히 있는 뷰티 용품을 활용할 수도 있답니다.

베이비돌 리페인팅
영상을 참고하세요.

— 수채화 기법 —
순수한 아이

아크릴 물감도 물을 섞으면 수채화 느낌을 낼 수 있어요.
수채화 기법을 활용해 청초하고 영롱한 눈빛의 인형을 만들어요.

TOOLS

기본 도구
아세톤·매직블록·무광코팅제·지름 1.6cm 원형 스티커·붓·도트펜

컬러 도구
수채 색연필 흰색(101) · 장미색(124) · 코럴색(130) · 에메랄드그린(163) · 올리브그린(173) · 고동색(177) · 검정(199) · 갈색(283)

아크릴 물감 흰색(901) · 세피아(928) · 진초록(950) · 올리브그린(955) · 검정(999)

파스텔 연분홍 · 연갈색 · 빨강 · 검정

인형
클렌징을 마친 베이비돌(p.16 참조)

HOW TO REPAINT
STEP 1 스케치하기

∞ 눈 그리기

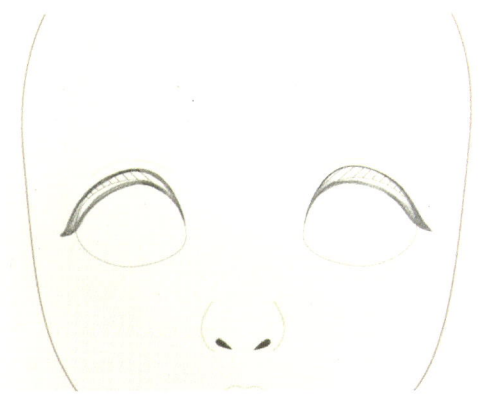

01 검정 색연필로 아이라인을 그립니다. 위쪽은 각진 부분을 따라 아래쪽은 원래 라인보다 조금 아래로 그려 두께감을 주세요.

02 아이라인 위쪽에 고동색 색연필로 쌍꺼풀을 그려요. 중앙은 진하게 끝은 연하게 그려주세요. 그리고 지름 1.6cm의 원형 스티커를 양쪽 눈에 붙여요.

TIP 정중앙보다는 약간 안쪽으로 붙여주세요(p.17 참조).

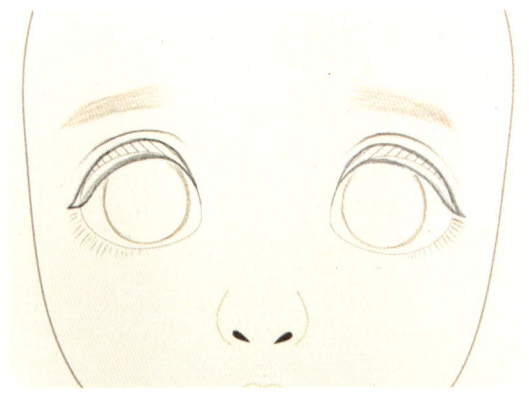

03 갈색 색연필로 스티커를 따라 원을 그린 뒤 스티커를 제거합니다. 갈색 색연필로 눈 밑에 속눈썹을 그리고, 양쪽 눈썹도 각을 맞춰 그립니다.

∞ 입술과 베이스 섀딩 표현하기

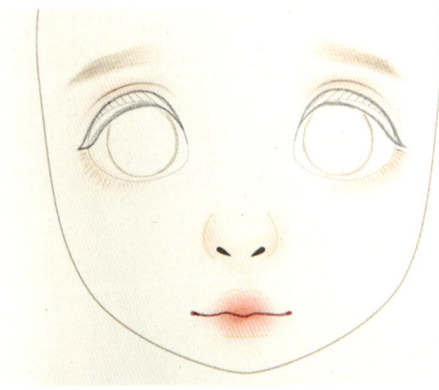

04 연갈색 파스텔을 붓에 묻혀 눈과 코에 섀딩을 줍니다. 눈썹 앞은 연하게 끝은 진하게, 쌍꺼풀은 중앙은 진하게 좌우로 연하게, 눈 아래는 안쪽은 연하게 바깥은 진하게 칠해요. 입술은 빨강 파스텔로 가운데는 진하게 좌우로 연하게 펴주듯 칠해요. 장미색 색연필로 입술 가운데 라인을 그려요.

STEP 2
컬러 입히기

∞ 눈동자 칠하기

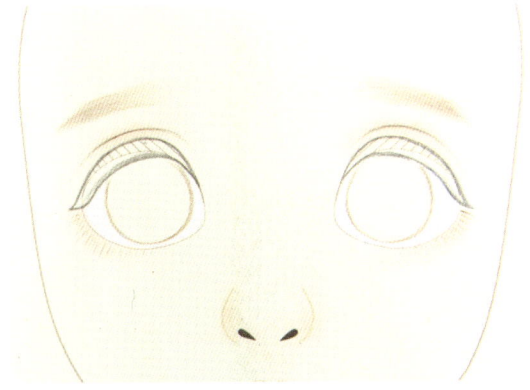

05 흰색 아크릴 물감에 물을 적당히 섞어 살짝 비치는 느낌이 드는 상태에서 흰자위를 칠해요. 얇게 칠한 뒤 말리고 덧바르는 작업을 3~5회 반복해요.

06 올리브그린 아크릴 물감에 물을 섞어 묽게 만든 뒤 납작붓을 이용해 가장자리부터 원을 그리며 연하게 눈동자를 칠해요.

∞ 홍채 칠하기

07 앞에서보다 물감 농도를 좀 더 높인 뒤 눈동자 가장자리에 그림과 같이 선을 그려요.

08 07에서 그린 선이 마르기 전에 안쪽으로 홍채 선을 그려요.

09 가장자리의 나머지 부분도 같은 방법으로 그려주되 물감이 마르기 전에 홍채 선을 그려야 하므로 5~6회 정도 끊어서 그리는 게 좋아요.

10 진초록과 세피아 아크릴 물감을 섞은 뒤 눈동자의 가장자리 중 위만 같은 방식으로 그러데이션 해주세요.

TIP 진초록에 세피아를 살짝만 섞어서 채도를 낮춰주세요.

∞ 동공 칠하기

11 검정 색연필로 눈동자의 중앙을 기준으로 눈동자 절반 길이의 십자 모양을 그린 뒤 원으로 이어준 다음, 부채꼴 모양으로 표시해요 (10시, 2시 방향).

12 색연필로 표시한 동공과 부채꼴, 아이라인을 검정 아크릴 물감으로 칠해요. 연하게 여러 번 덧칠해주세요.

STEP 3
마무리하기

∞ 눈 정리하기

13 진초록 물감에 물을 섞어 연하게 만든 뒤 홍채 그러데이션이 자연스럽게 살아나도록 덧칠해요.

14 올리브그린과 에메랄드그린 색연필로 빈틈을 메우며 홍채를 정리한 뒤 흰색 색연필로 다시 한번 빈틈을 메워요.

15 동공과 부채꼴 부분을 검정 파스텔로 칠하고 눈동자와 연결해요. 검정 색연필로 부채꼴 부분에서 홍채로 이어지는 부분과 동공 부분을 정리해요.

16 도트펜을 이용해 사선 방향으로 그림과 같이 흰 점을 찍어주세요.

∞ 눈썹·속눈썹 정리하기

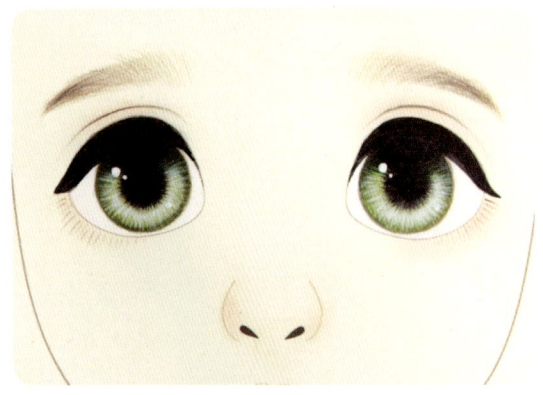 

17 고동색 색연필로 눈썹을 바깥쪽부터 안쪽으로 사선으로 그려요. 중간쯤 왔을 때 안쪽으로 모이듯 결을 그려요.

18 코럴색 색연필로 아래 속눈썹 바로 안쪽에 점막을 그린 다음, 고동색 색연필로 아래 속눈썹을 다시 한번 진하게 칠해요.

∞ 기타 정리하기

19 코럴색 색연필로 입술을 채우고, 빨강 파스텔로 색을 넣어 마무리해요.

20 눈썹, 쌍꺼풀과 눈의 언더라인을 연갈색 파스텔로 다시 한번 칠해요. 입술도 중앙부터 빨강 파스텔로 진하게 덧칠하고, 연분홍 파스텔로 볼터치를 동그랗게 퍼지듯 칠해요.

― 그러데이션 기법 ―
청순한 아이

눈동자에 다양한 컬러를 입히면 특별한 분위기를 연출할 수 있어요.
저는 파스텔블루와 코럴레드라는
두 개의 상반된 컬러를 그러데이션 해 청순함을 표현해보았어요.

TOOLS

기본 도구
아세톤 · 매직블록 · 무광코팅제 · 지름 1.6cm 원형 스티커 · 붓 · 도트펜

컬러 도구
수채 색연필 흰색(101) · 장미색(124) · 코럴색(130) · 하늘색(147) · 고동색(177) · 검정(199) · 갈색(283)
아크릴 물감 흰색(901) · 코럴레드(916) · 파스텔블루(973) · 검정(999)
파스텔 연분홍 · 연갈색 · 빨강

인형
클렌징을 마친 베이비돌(p.16 참조)

HOW TO REPAINT

STEP 1 스케치하기

❦ 아이라인·눈썹·눈동자 그리기

01 검정 색연필로 아이라인을 그립니다. 아이라인은 옆으로 좀 더 길게 빼주세요.

02 갈색 색연필로 눈썹을 그립니다. 아이라인 길이에 맞춰 길게 그려주세요.

03 지름 1.6cm의 원형 스티커를 양쪽 눈에 붙이고, 갈색 색연필로 스티커를 따라 원을 그린 뒤 스티커를 제거합니다.

∞ 쌍꺼풀·속눈썹 그리기

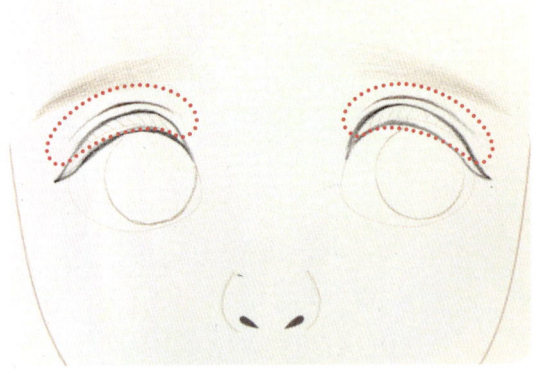 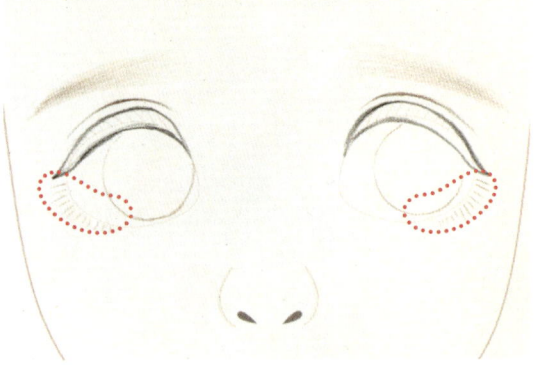

04 고동색 색연필로 아이라인 위에 쌍꺼풀을 그려요. 가운데부터 그리되 가운데는 진하게 끝으로 갈수록 연하게 그려주세요.

05 갈색 색연필로 눈 밑에 속눈썹을 그려요. 1mm 간격으로 끝에서부터 자연스럽게 길이를 줄이며 눈 아래 중앙까지 그립니다.

∞ 입술과 베이스 섀딩 표현하기

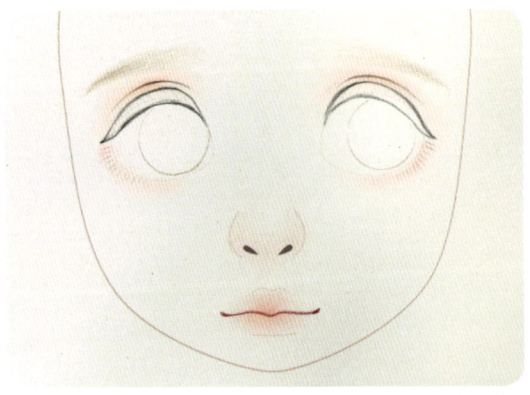

06 연갈색 파스텔을 붓에 묻혀 눈과 코에 섀딩을 줍니다. 눈썹 앞은 연하게 끝은 진하게, 쌍꺼풀은 중앙은 진하게 좌우로 연하게, 눈 아래는 안쪽은 연하게 바깥은 진하게 칠해요. 입술은 빨강 파스텔로 가운데는 진하게 좌우로 연하게 펴주듯 칠해요. 장미색 색연필로 입술 가운데 라인을 그려요.

STEP 2
컬러 입히기

∞ 눈동자 칠하기

 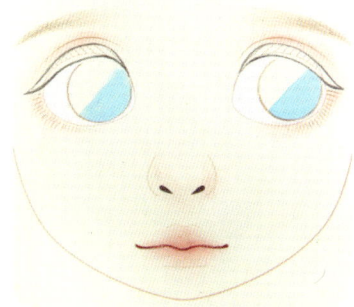 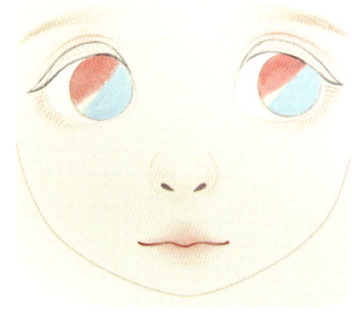

07 흰색 아크릴 물감에 물을 적당히 섞어 살짝 비치는 느낌이 드는 상태에서 흰자위를 칠해요. 얇게 칠한 뒤 말리고 덧바르는 작업을 3~5회 반복해요.

08 파스텔블루 아크릴 물감에 물을 섞어 묽게 만든 뒤 그림과 같이 사선으로 칠해요.

09 그림과 같이 공간을 살짝 띄고, 나머지를 코럴레드 아크릴 물감으로 칠해요.

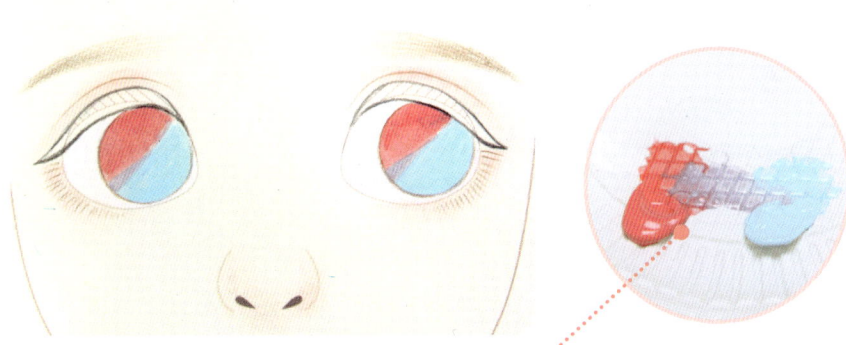

10 파스텔블루와 코럴레드 아크릴 물감을 섞은 뒤 **09**에서 남겨둔 공간을 채워요.

∞ 홍채 칠하기

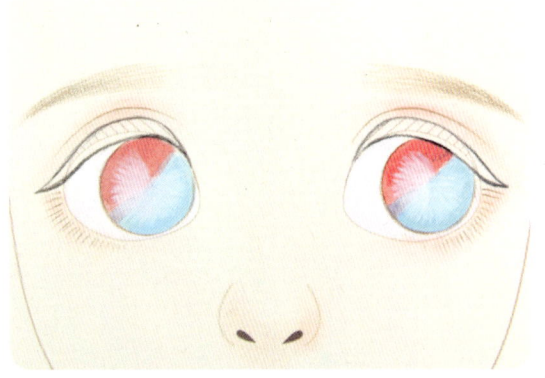 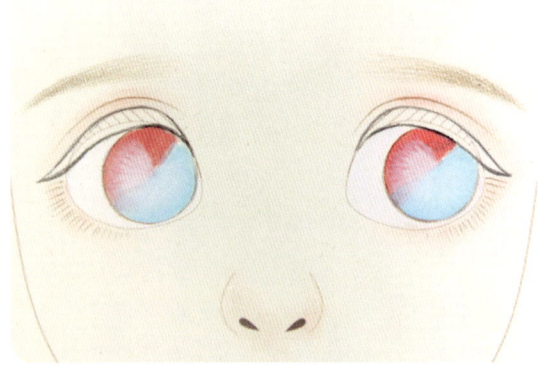

11 흰색 아크릴 물감으로 눈동자 중앙에 별표를 그리고, 별표를 중심으로 해서 바깥쪽으로 연한 선을 그어요. 가장자리에 3mm 정도 여백을 남겨요.

12 바탕색에 흰색을 섞어 바탕색과 흰색 사이를 이어주듯 연하게 칠해요. 2회 반복해요.

∞ 동공 칠하기

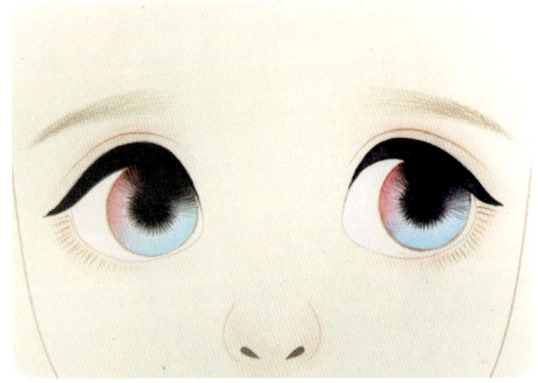

13 검정 색연필로 눈동자와 아이라인이 닿는 부분을 부채꼴 모양으로 표시(11시, 3시 방향)한 다음 검정 아크릴 물감으로 칠해요. 연하게 여러 번 덧칠해요.

STEP 3
마무리하기

∞ 눈 정리하기

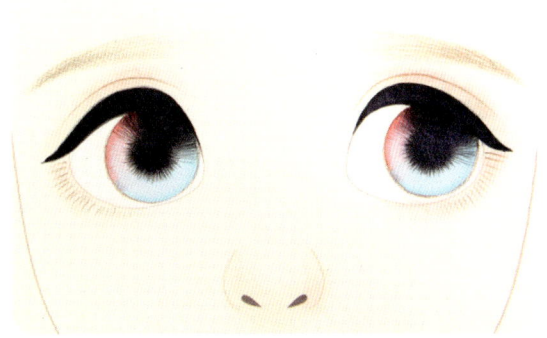

14 흰색 아크릴 물감을 연하게 만든 뒤 홍채 부분에 덧칠해 다시 한번 색을 빼요.

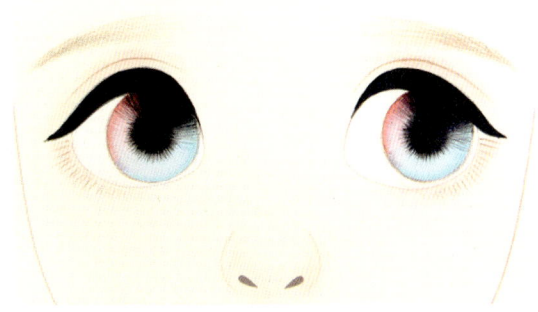

15 홍채 가장자리를 각 바탕색에 맞는 색연필을 이용해 자연스럽게 연결되도록 색칠한 뒤 흰색 색연필로 다시 한번 빈틈을 메워요.

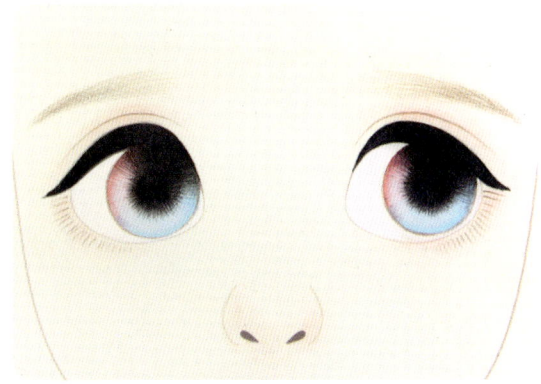

16 검정 색연필로 부채꼴 부분에서 홍채로 이어지는 부분과 동공 부분을 정리해요.

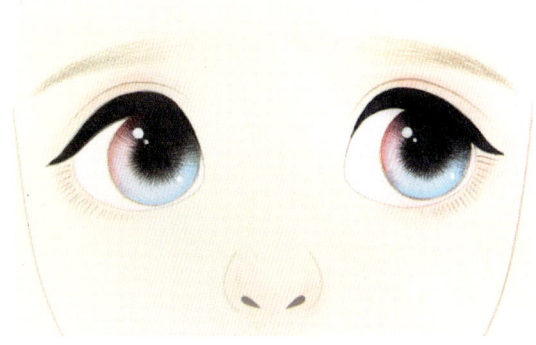

17 도트펜을 이용해 사선 방향으로 그림과 같이 흰 점을 찍어주세요.

∞ 눈썹·속눈썹 정리하기

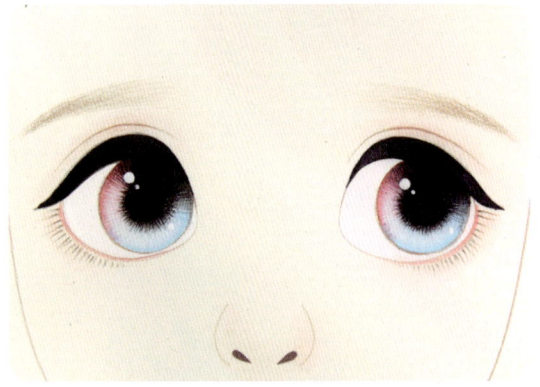 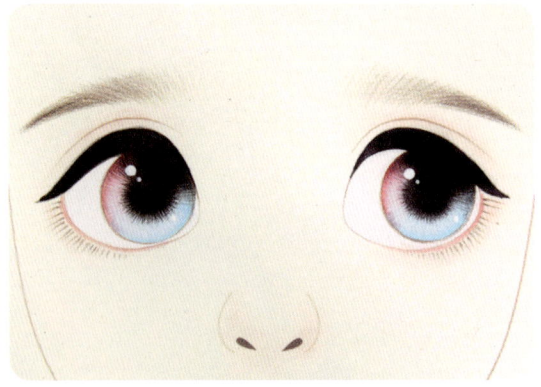

18 고동색 색연필로 아래 속눈썹 뿌리 부분을 진하게 한 번 더 그리고, 코럴색 색연필로 눈 밑에 점막을 그려요.

19 고동색 색연필로 눈썹을 바깥쪽부터 사선으로 그려요. 중간쯤 왔을 때 안쪽으로 모이듯 결을 그려요.

∞ 기타 정리하기

20 눈썹, 쌍꺼풀과 눈의 언더라인을 연갈색 파스텔로 다시 한번 칠해요. 입술도 중앙부터 빨강 파스텔로 진하게 덧칠하고, 연분홍 파스텔로 볼터치를 동그랗게 퍼지듯 칠해요.

CLASS 3

반개안 만들기

―――――◆―――――

인형의 몰드 자체가 동그란 눈이라
살짝 뜬 눈의 반개안이 큰 도전처럼 느껴질지 모르지만
막상 만들어보면 반개안만 계속 만들고 싶어질 만큼
매력 만점 아이템입니다.

베이비돌 리페인팅
영상을 참고하세요.

― 미소 짓는 반개안 ―
화사한 미소

동그란 눈이 귀여운 매력이 있다면
반개안에는 고혹적인 매력이 있어요.
게다가 이렇게 환하게 웃는 얼굴이라면 빠져들 수밖에 없겠죠?

TOOLS

기본 도구

아세톤·매직블록·무광코팅제·지름 1.6cm 원형 스티커·붓·도트펜

컬러 도구

수채 색연필 흰색(101)·장미색(124)·코럴색(130)·에메랄드그린(163)·고동색(177)·검정(199)·갈색(283)
아크릴 물감 흰색(901)·진초록(950)·검정(999)
파스텔 연분홍·연갈색·빨강·검정

인형

클렌징을 마친 베이비돌(p.16 참조)

HOW TO REPAINT

STEP 1 스케치하기

∞ 아이라인·눈동자 그리기

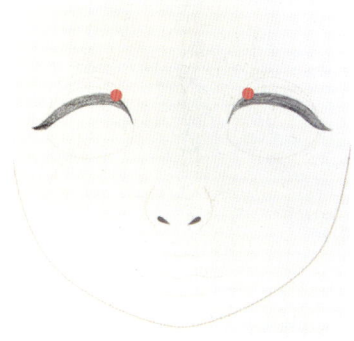 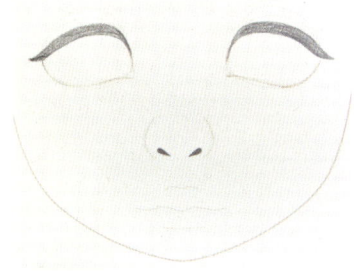 

01 검정 색연필로 인형의 눈꺼풀보다 3mm 정도 아래에 아이라인을 그려요. 표시된 점 위치에서부터 내려와야 동그랗고 순한 눈매를 만들 수 있어요.

02 눈의 언더라인은 고동색 색연필로 안쪽이 눈동자 안으로 살짝 들어가게 변형해 그려주세요.

03 지름 1.6cm의 원형 스티커를 양쪽 눈에 붙이고, 갈색 색연필로 스티커를 따라 눈동자를 그린 뒤 스티커를 제거합니다.

TIP 이때 눈의 언더라인에 살짝 닿아야 자연스러워요.

눈썹·속눈썹·쌍꺼풀 그리기

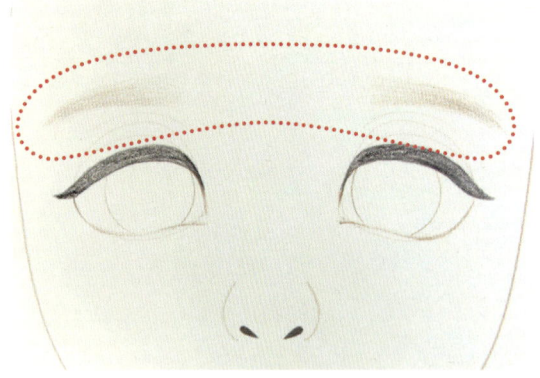

04 갈색 색연필로 눈썹을 그립니다. 아이라인을 내려 그린 만큼 3mm 정도 아래쪽에 그려주세요. 눈썹과 아이라인 간격이 좁습니다.

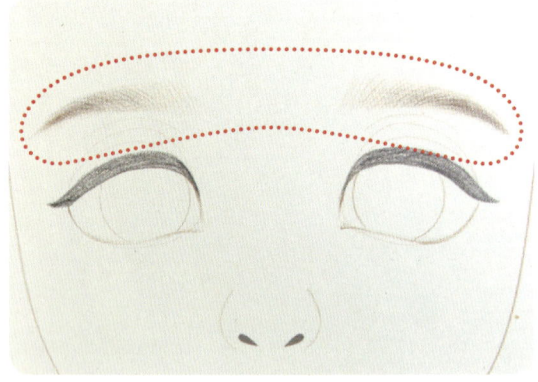

05 갈색 색연필로 눈썹 끝을 진하게 사선 방향으로 끌어오듯 앞으로 그려요. 눈썹의 중간쯤 왔을 때 안쪽으로 모이듯 결을 그려요.

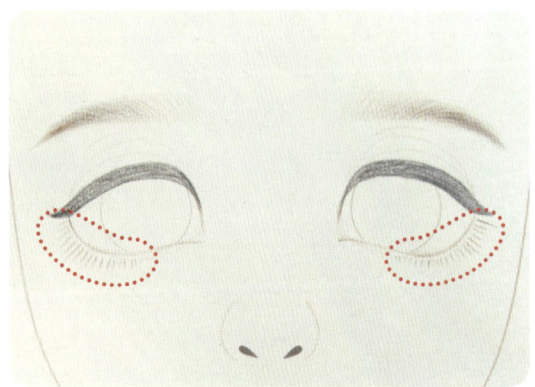

06 눈 밑에 갈색 색연필로 속눈썹을 그려요. 1mm 간격으로 끝에서부터 자연스럽게 길이를 줄이며 눈 아래 중앙까지 그립니다.

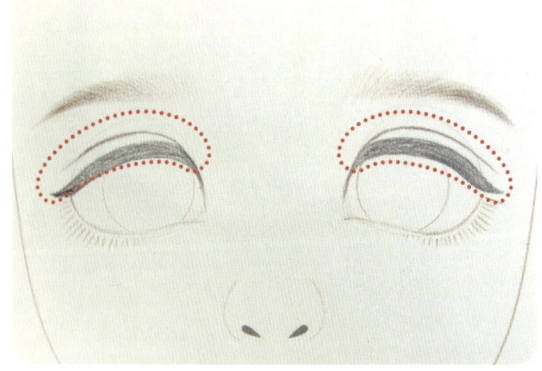

07 눈동자와 눈꺼풀 홈 사이에 검정 색연필로 쌍꺼풀을 그려요. 안쪽부터 점으로 표시한 부분까지 그린 뒤 잠시 멈추고, 인형을 정면을 보게 놓고 굴곡진 부분을 이어 그려요.

∞ 입술 그리기

08 인형을 정면을 보게 놓은 상태에서 장미색 색연필로 입술 라인을 그림과 같이 웃는 모양으로 그려요.

∞ 베이스 섀딩 주기

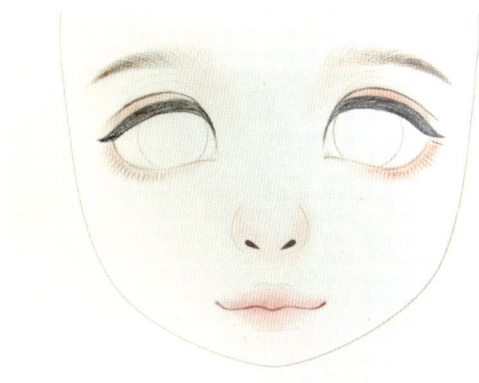

09 연갈색 파스텔로 눈썹 앞은 연하게 끝은 진하게, 연분홍 파스텔로 쌍꺼풀 중앙은 진하게 좌우로 연하게, 눈 아래는 앞쪽은 연하게 끝은 진하게 칠해요. 빨강 파스텔로 입술은 가운데는 진하게 좌우로 연하게 펴주듯 칠해요.

STEP 2
컬러 입히기

∞ 눈동자 칠하기

 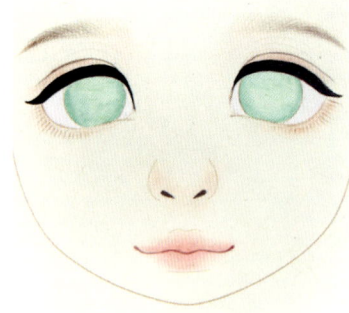 

10 흰색 아크릴 물감에 물을 적당히 섞어 살짝 비치는 느낌이 드는 상태에서 흰자위를 칠해요. 얇게 칠한 뒤 말리고 덧바르는 작업을 3~5회 반복해요.

11 진초록 아크릴 물감에 검정과 흰색 아크릴 물감을 섞어 채도를 낮추고, 물을 섞어 묽게 만든 뒤 납작붓을 이용해 가장자리는 진하게, 안쪽은 연하게 퍼지듯 칠해요.

12 눈동자의 가장자리만 한 번 더 진하게 칠해요.

∞ 동공 칠하기

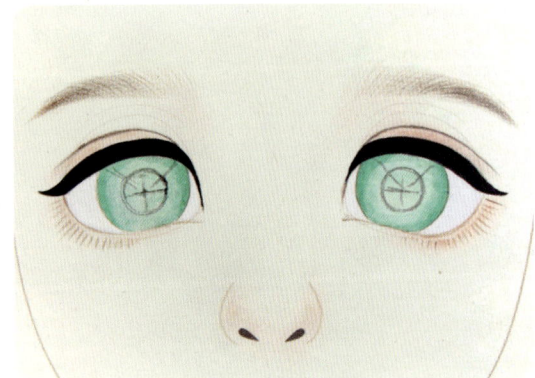 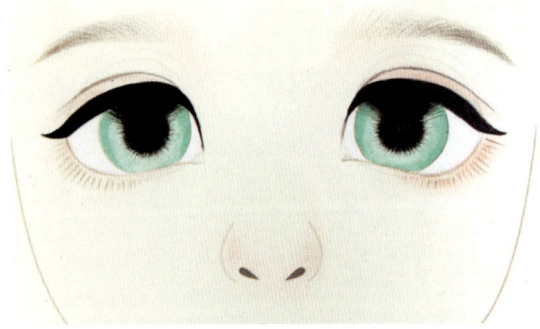

13 검정 색연필로 중앙에 십자 모양을 그린 뒤 원으로 이어요. 검정 색연필로 눈동자와 아이라인이 닿는 부분을 부채꼴 모양으로 표시해요(10시, 2시 방향).

14 색연필로 표시한 동공과 부채꼴, 아이라인을 검정 아크릴 물감으로 칠합니다. 연하게 여러 번 덧칠해요. 물감을 조금 묻혀 밖으로 1mm 정도씩 빼주세요.

TIP 물감으로 1mm씩 빼기 어려울 경우 색연필을 사용해도 돼요.

∞ 홍채 칠하기

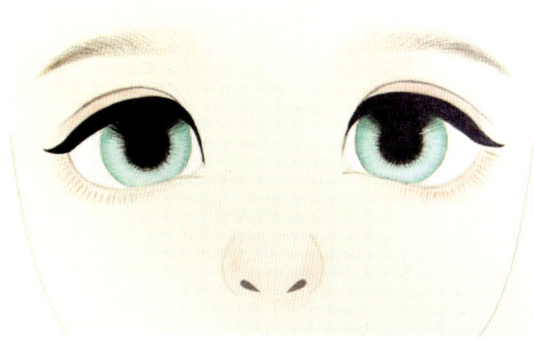

15 흰색 아크릴 물감에 물을 섞어 묽게 한 뒤 홍채의 밝은 부분을 채우듯 여러 번 선을 그어요. 동공에 닿지 않게 3회 정도 반복하면 자연스럽게 그러데이션 돼요.

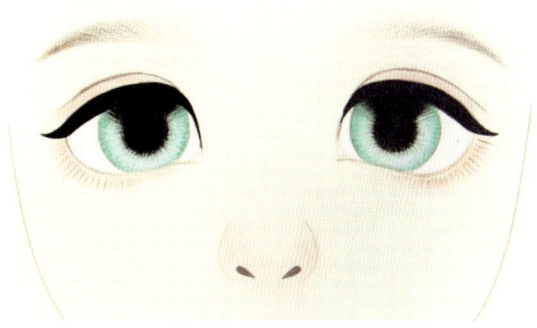

16 진초록과 흰색 아크릴 물감을 섞어 중간색을 만든 뒤, 공간을 채우는 느낌으로 15와 바탕색을 연결하듯 선으로 연하게 칠해요. 이 과정을 2~3회 반복하면 더 자연스러워요.

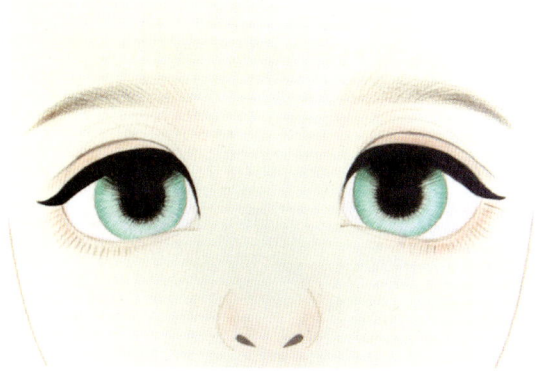

17 흰색 색연필로 빈틈을 메운 후 에메랄드그린 색연필로 다시 한번 메우기를 반복해요.

STEP 3
마무리하기

∞ 눈 정리하기

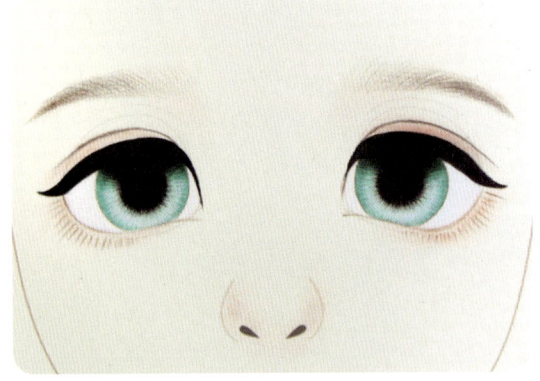

18 동공과 부채꼴 부분을 검정 파스텔로 칠하고 눈동자와 연결해요. 검정 색연필로 부채꼴 부분에서 홍채로 이어지는 부분과 동공 부분을 정리해요.

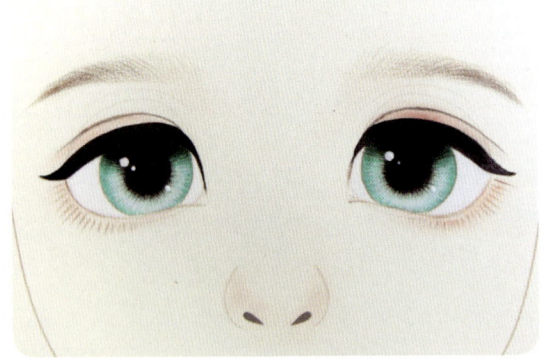

19 도트펜을 이용해 사선 방향으로 그림과 같이 흰 점을 찍어주세요.

∞ 쌍꺼풀·눈썹·속눈썹 정리하기

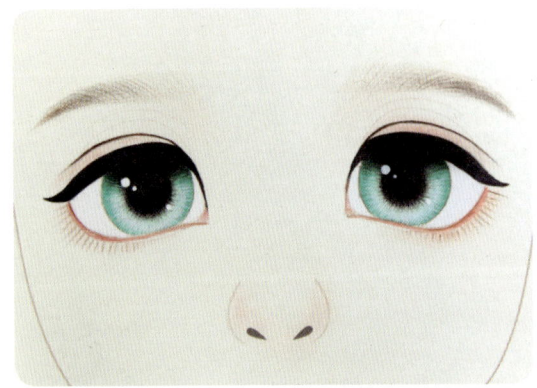

20 코럴색 색연필로 눈 밑에 점막을 그리고, 고동색 색연필로 쌍꺼풀 라인을 다시 한번 진하게 그려요.

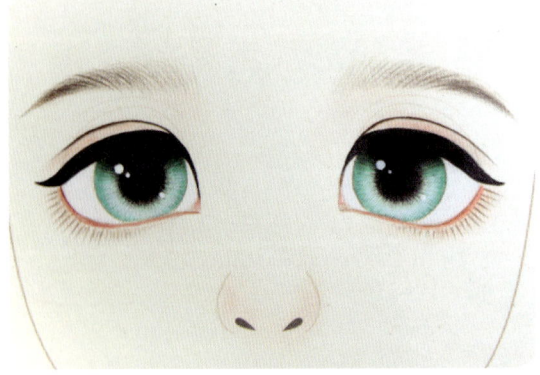

21 고동색 색연필로 눈썹과 아래 속눈썹을 다시 한번 진하게 그려요.

∞ 기타 정리하기

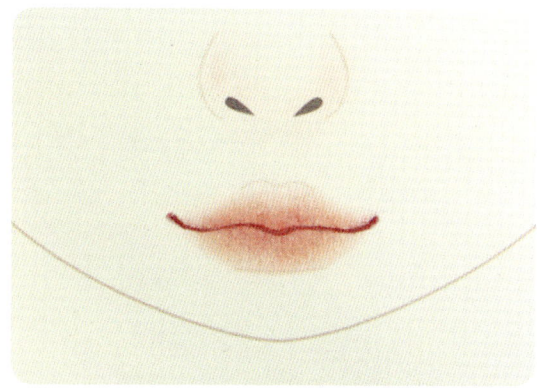 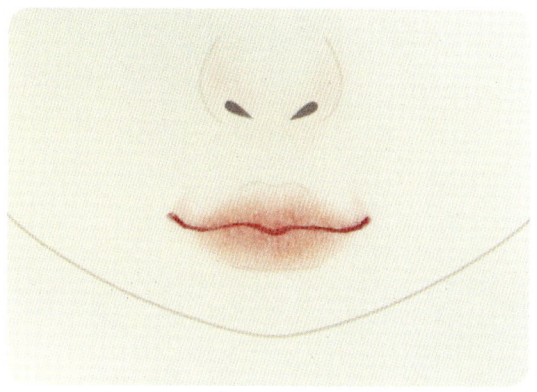

22 입술 안쪽은 장미색 색연필로, 바깥쪽은 코럴색 색연필로 주름을 그린 뒤, 빨강 파스텔로 덧칠해요.

23 웃는 입매의 느낌을 살리기 위해 입술 양쪽에 빨강 파스텔로 새딩을 넣어요.

24 눈의 언더라인 쪽에 몰드가 보일 수 있으니 흰색 아크릴 물감으로 라인을 그려 눈매를 더욱 선명하게 하고, 연분홍 파스텔로 볼터치를 동그랗게 퍼지듯 칠해요.

우아한 반개안
고혹적인 아름다움

아이라인 모양에 변화를 주고,
쓰다 남은 매니큐어를 이용해 인형 눈에 펄을 더하면
화려하고 고혹적인 아름다움을 표현할 수 있어요.

TOOLS

기본 도구
아세톤·매직블록·무광코팅제·지름 1.6cm 원형 스티커·붓·도트펜

컬러 도구
수채 색연필 흰색(101)·장미색(124)·코럴색(130)·고동색(177)·검정(199)·갈색(283)
아크릴 물감 흰색(901)·보라(941)·검정(999)
파스텔 연분홍·연갈색·빨강·검정
기타 펄 매니큐어

인형
클렌징을 마친 베이비돌(p.16 참조)

HOW TO REPAINT

STEP 1 스케치하기

❀ 아이라인 그리기

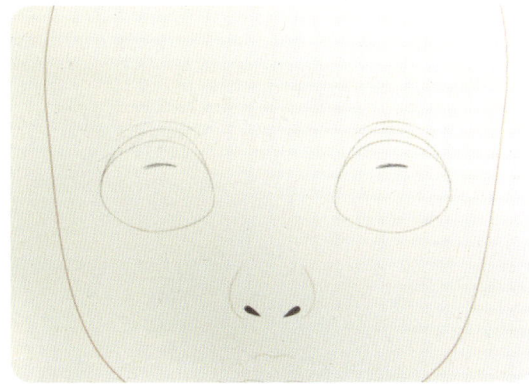 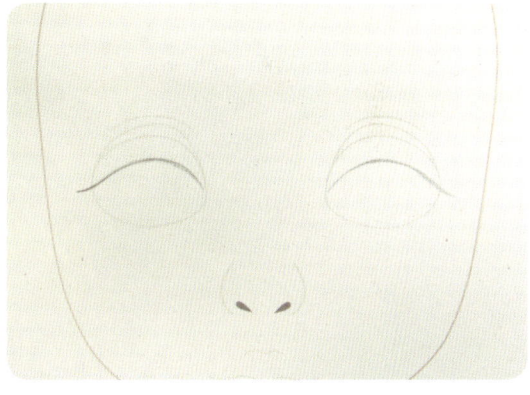

01 검정 색연필로 인형의 눈꺼풀보다 4mm 정도 아래에 아이라인의 중심선을 그어요.

02 이어서 그림과 같이 아이라인 선을 그려주세요.

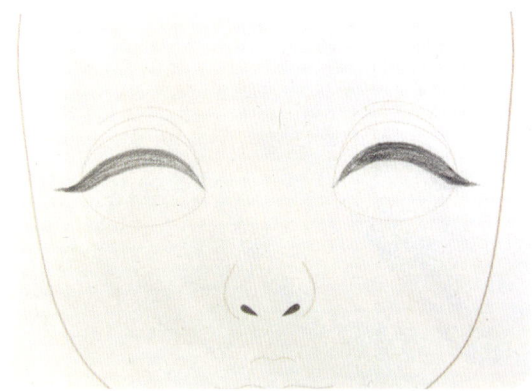

03 02를 기준으로 아이라인을 도톰하게 그리고 색칠해요.

∞ 쌍꺼풀·언더라인 그리기

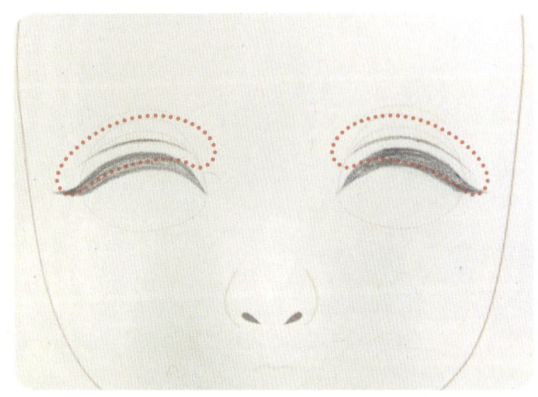

04 고동색 색연필로 쌍꺼풀을 그려요. 아이라인 위쪽으로 2mm 정도 떨어지게 그려주세요.

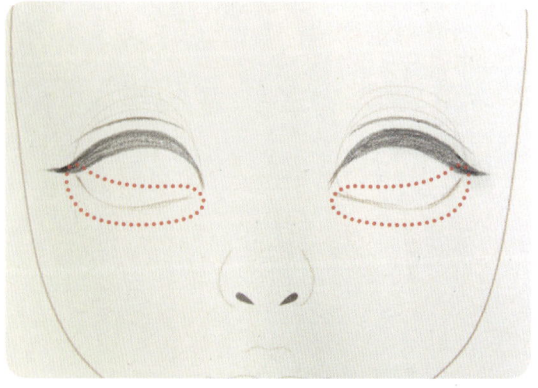

05 고동색 색연필로 눈의 언더라인을 그려요. 눈의 몰드보다 안쪽으로 들어가게, 중앙은 살짝 일자가 되게 변형해서 그려요.

∞ 눈동자·눈썹 그리기

 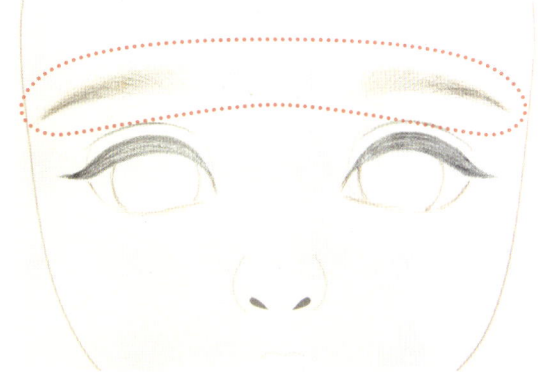

06 지름 1.6cm의 원형 스티커를 양쪽 눈에 붙이고, 갈색 색연필로 눈동자를 그린 뒤 스티커를 제거합니다.

TIP 이때 눈의 언더라인에 살짝 닿아야 자연스러워요.

07 갈색 색연필로 눈썹을 그립니다. 아이라인을 내려 그린 만큼 3mm 정도 아래쪽에 그려주세요. 눈썹과 아이라인 간격이 좁습니다.

∞ 베이스 새딩 주기

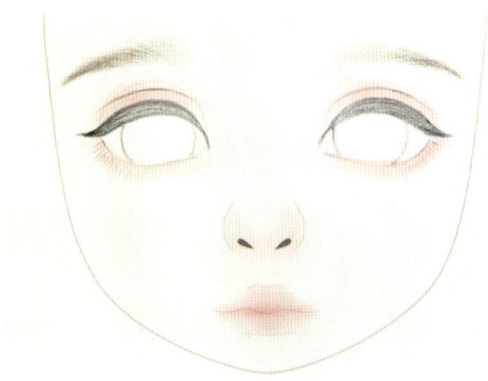

08 갈색 색연필로 아래 속눈썹을 그려요. 연갈색 파스텔로 눈썹 앞은 연하게 끝은 진하게, 쌍꺼풀은 중앙은 진하게 좌우로 연하게, 눈 아래는 안쪽은 연하게 바깥은 진하게 칠해요. 입술은 빨강 파스텔로 가운데는 진하게 좌우로 연하게 펴주듯 칠해요.

STEP 2
컬러 입히기

∞ 눈동자·아이라인 칠하기

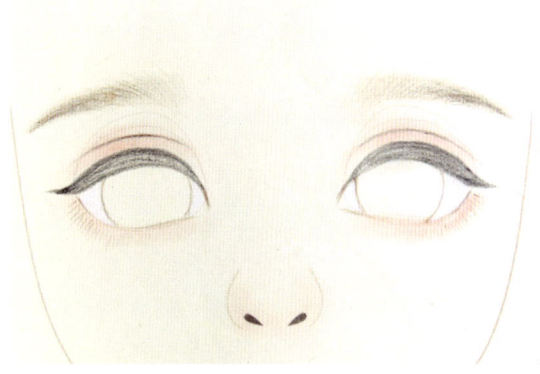

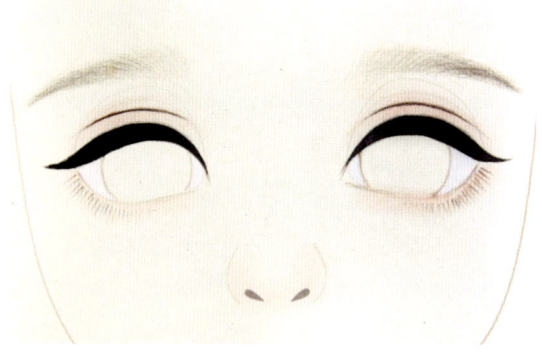

09 흰색 아크릴 물감에 물을 적당히 섞어 살짝 비치는 느낌이 드는 상태에서 흰자위를 칠해요. 얇게 칠한 뒤 말리고 덧바르는 작업을 3~5회 반복해요.

10 이어서 검정 아크릴 물감으로 아이라인을 먼저 칠해주세요. 이때 고동색 색연필로 쌍꺼풀 라인과 언더 속눈썹도 다시 한번 진하게 그려요.

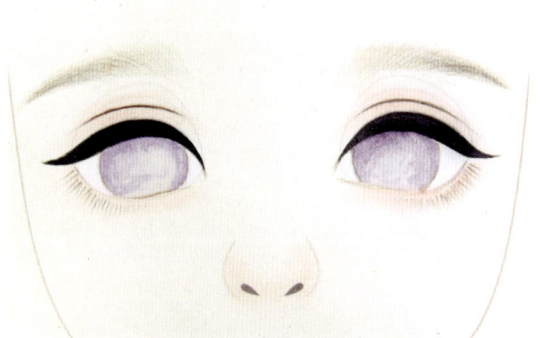

11 보라 아크릴 물감에 검정과 흰색 아크릴 물감을 섞어 채도를 낮추고, 물을 섞어 묽게 만든 뒤 납작붓을 이용해 가장자리는 진하게, 안쪽은 연하게 퍼지듯 칠해요.

∞ 동공 칠하기

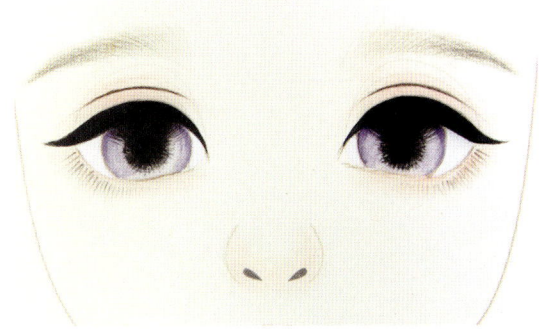

12 검정 색연필로 중앙에 십자 모양을 그린 뒤 원으로 이어요. 검정 색연필로 눈동자와 아이라인이 닿는 부분을 부채꼴 모양으로 표시해요(10시, 2시 방향).

13 색연필로 표시한 동공과 부채꼴, 아이라인을 검정 아크릴 물감으로 칠합니다. 연하게 여러 번 덧칠해요. 물감을 조금 묻혀 밖으로 1mm 정도씩 빼주세요.

> **TIP** 물감으로 1mm씩 빼기 어려울 경우 색연필을 사용해도 돼요.

∞ 홍채 칠하기

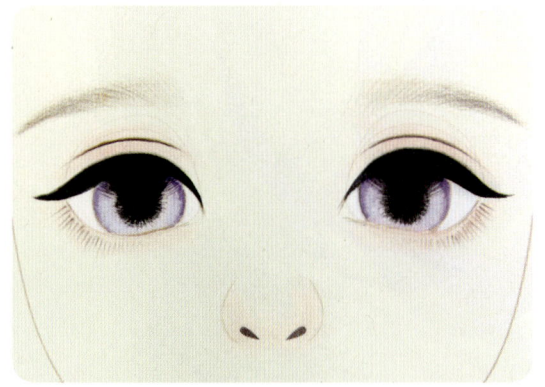

14 흰색 아크릴 물감에 물을 섞어 묽게 한 뒤 홍채의 밝은 부분을 채우듯 여러 번 선을 그어요. 동공에 닿지 않게 3회 정도 반복하면 자연스럽게 그러데이션 돼요.

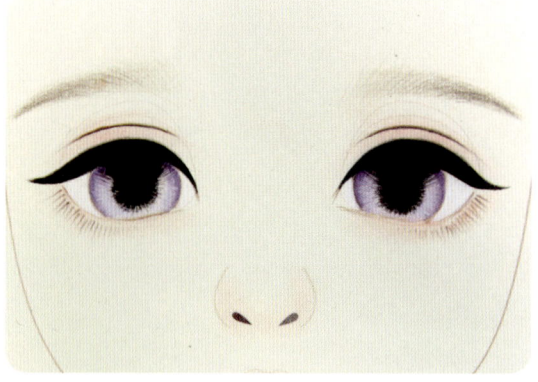

15 보라와 흰색 아크릴 물감을 섞어 중간색을 만든 뒤, 공간을 채우는 느낌으로 **14**와 바탕색을 연결하듯 선으로 연하게 칠해요.

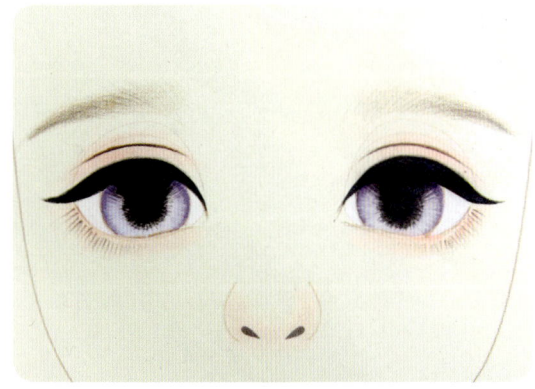

16 중간색과 밝은색의 경계를 없애기 위해 흰색 색연필로 얇게 한 번 더 칠해요.

STEP 3
마무리하기

❦ 눈·눈썹·속눈썹 정리하기

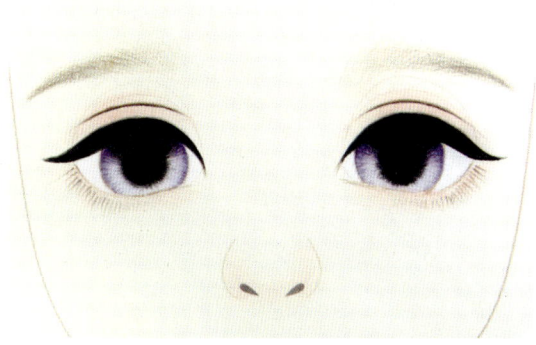

17 동공과 부채꼴 부분을 검정 파스텔로 칠하고 눈동자와 연결해요. 검정 색연필로 부채꼴 부분에서 홍채로 이어지는 부분과 동공 부분을 정리해요.

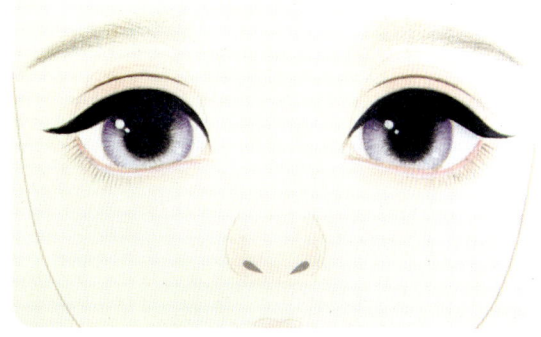

18 도트펜을 이용해 사선 방향으로 그림과 같이 흰 점을 찍고, 코럴색 색연필로 눈 밑에 점막을 그려요. 점막 아래에 흰색 아크릴 물감으로 눈 언더라인을 그려 눈매를 더욱 또렷하게 해요.

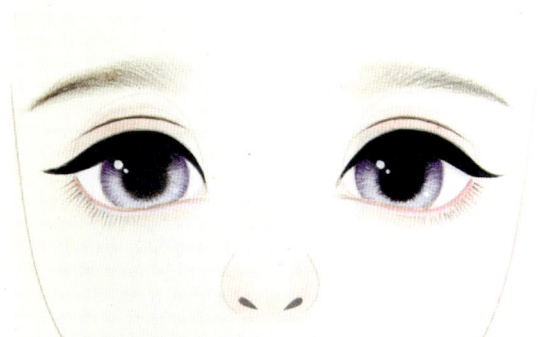

19 고동색 색연필로 눈썹 끝과 아래 속눈썹 뿌리 쪽을 진하게 다시 한번 그려요.

∞ 기타 정리하기

20 입술 중앙 라인을 장미색 색연필로 그려요.

21 입술 안쪽은 장미색 색연필로, 바깥쪽은 코럴색 색연필로 주름을 그린 뒤, 빨강 파스텔로 덧칠해요.

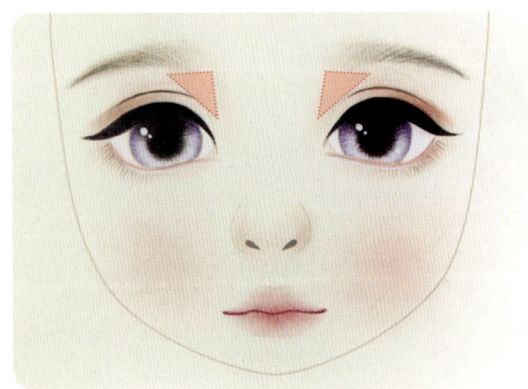

22 연갈색 파스텔로 쌍꺼풀 라인 쪽을 칠하고, 연분홍 파스텔로 볼터치를 동그랗게 퍼지듯 칠해요. 삼각 표시 부분에 연갈색 파스텔로 섀딩을 넣어 입체감을 더해요.

∞ 펄 넣기

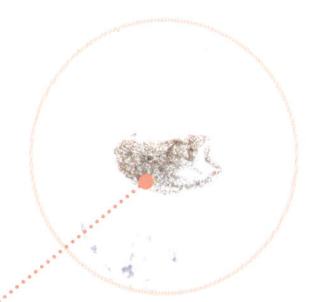

23 펄 매니큐어를 붓에 묻혀 눈꺼풀에 펄을 올려주세요.

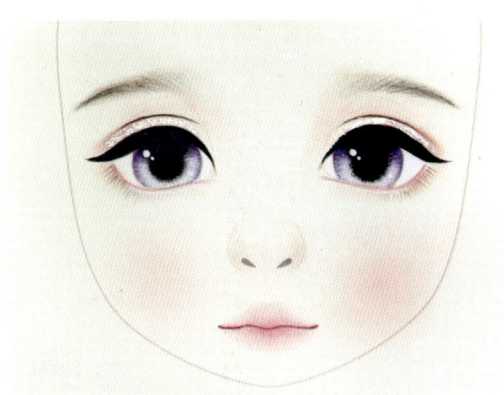

24 쌍꺼풀의 중심부터 좌우로 한 번씩 그리면 완성입니다.

— 섹시한 반개안 —
도도한 걸크러시

아이라인 끝을 한껏 올리고, 스모키 메이크업을 해주면
도도한 걸크러시 느낌의 인형이 돼요.
단발머리 스타일링까지 곁들이면 더할 나위 없겠죠?

TOOLS

기본 도구
아세톤 · 매직블록 · 무광코팅제 · 지름 1.6cm 원형 스티커 · 붓 · 도트펜

컬러 도구
수채 색연필 흰색(101) · 장미색(124) · 코럴색(130) · 고동색(177) · 검정(199) · 갈색(283)
아크릴 물감 흰색(901) · 그레이시브라운(964) · 검정(999)
파스텔 연분홍 · 연갈색 · 갈색 · 빨강 · 검정

인형
클렌징을 마친 베이비돌(p.16 참조)

HOW TO REPAINT

STEP 1
스케치하기

❈ 아이라인·쌍꺼풀 그리기

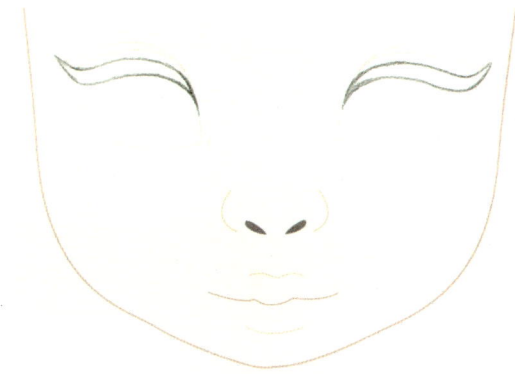
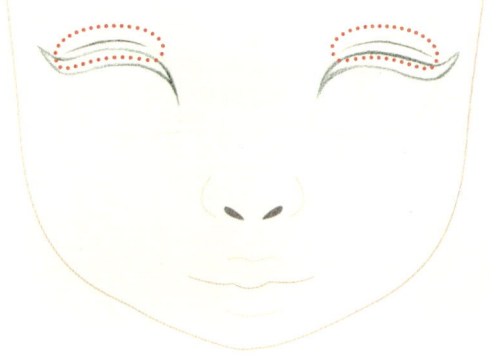

01 검정 색연필로 눈꺼풀 아래로 3mm 정도에 중심을 잡고 아이라인을 그려요. 눈꼬리를 몰드의 눈꼬리와 닿도록 이어주며 조금 길게 빼주세요.

02 검정 색연필로 아이라인 위쪽으로 몰드의 홈에 맞춰 쌍꺼풀을 그려요.

∞ 눈썹·속눈썹 그리기

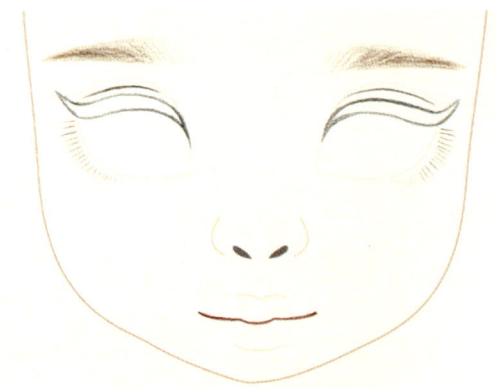

03 갈색 색연필로 눈썹을 일자로 그리되 살짝 길게 그려요. 아래 속눈썹도 원래보다 조금 길게 그려주세요.

∞ 눈동자 그리고, 베이스 섀딩 주기

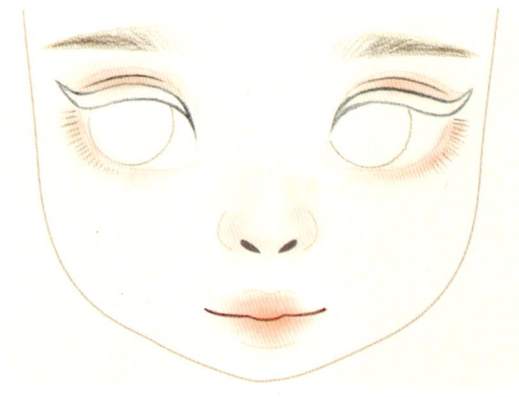

04 지름 1.6cm의 원형 스티커를 눈의 왼쪽 측면에 붙이고, 갈색 색연필로 스티커를 따라 눈동자를 그린 뒤 스티커를 제거합니다. 연갈색 파스텔로 눈썹과 눈 주변을 칠해요. 입술은 빨강 파스텔로 가운데는 진하게 좌우로 연하게 펴주듯 칠하고, 장미색 색연필로 입술 중앙 라인을 그려요.

STEP 2
컬러 입히기

∞ 눈동자·아이라인 칠하기

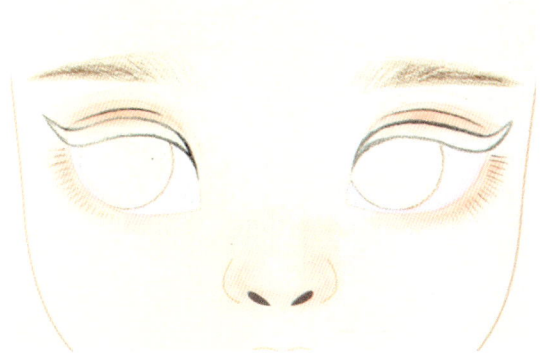

05 흰색 아크릴 물감에 물을 적당히 섞어 살짝 비치는 느낌이 드는 상태에서 흰자위를 칠해요. 얇게 칠한 뒤 말리고 덧바르는 작업을 3~5회 반복해요.

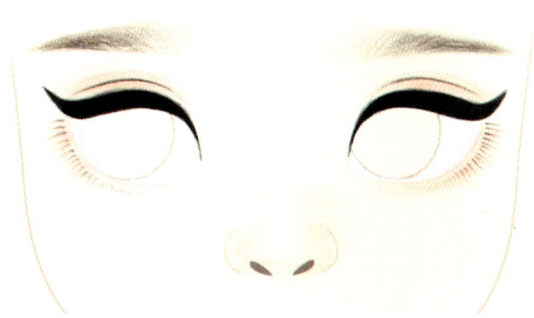

06 이어서 검정 아크릴 물감으로 아이라인을 먼저 칠해주세요.

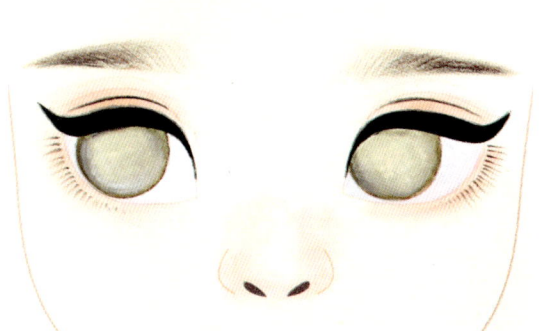

07 그레이시브라운 아크릴 물감에 검정과 흰색을 조금씩 섞어 채도를 낮추고, 물을 섞어 묽게 만든 뒤 납작붓을 이용해 가장자리는 진하게, 안쪽은 연하게 퍼지듯 칠해요.

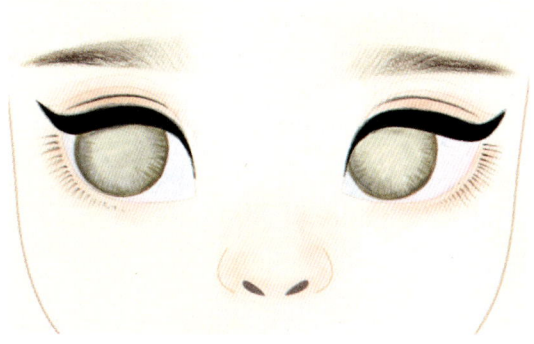

08 눈동자 가장자리만 한 번 더 진하게 칠하고 안쪽으로 1mm씩 홍채선을 그려요.

∞ 동공 칠하기

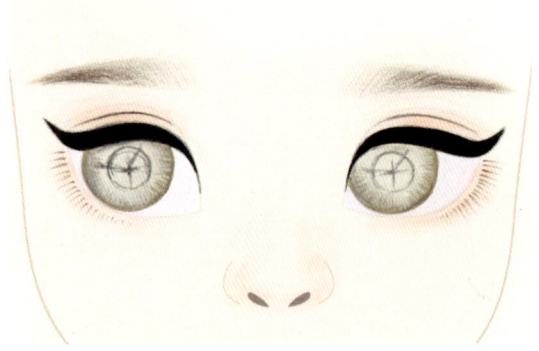
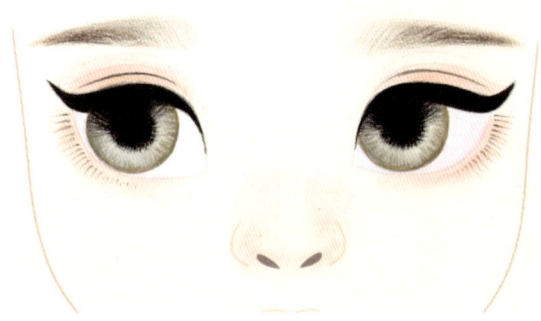

09 검정 색연필로 중앙에 십자 모양을 그린 뒤 원으로 이어요. 검정 색연필로 눈동자와 아이라인이 닿는 부분을 부채꼴 모양으로 표시해요(9시, 1시 방향).

10 색연필로 표시한 동공과 부채꼴, 아이라인을 검정 아크릴 물감으로 칠합니다. 연하게 여러 번 덧칠해요. 물감을 조금 묻혀 밖으로 1mm 정도씩 빼주세요.

TIP 물감으로 1mm씩 빼기 어려울 경우 색연필을 사용해도 돼요.

∞ 홍채 칠하기

11 흰색 아크릴 물감을 연하게 해서 홍채의 밝은 부분을 채우듯 여러 번 선을 그어요. 동공에 닿지 않게 주의하고 3회 정도 반복하면 자연스럽게 그러데이션 돼요.

12 그레이시브라운과 흰색 아크릴 물감을 섞어 중간색을 만든 뒤, 공간을 채우는 느낌으로 11과 바탕색을 연결하듯 선으로 연하게 칠해요.

13 흰색 색연필로 빈틈을 메우듯 다시 한번 칠해요.

STEP 3
마무리하기

∞ 눈·눈썹 정리하기 ∞ 기타 정리하기

14 동공과 부채꼴 부분을 검정 파스텔로 칠하고 눈동자와 연결해요. 검정 색연필로 부채꼴 부분에서 홍채로 이어지는 부분과 동공 부분을 정리해요. 도트펜을 이용해 사선 방향으로 그림과 같이 흰 점을 찍어요.

15 코럴색 색연필로 눈 밑에 점막을 그려요. 고동색 색연필로 눈썹을 다시 한번 진하게 그려요.

16 입술 안쪽은 장미색 색연필로, 바깥쪽은 코럴색 색연필로 주름을 그린 뒤, 빨강 파스텔로 덧칠해요.

17 갈색 파스텔로 쌍꺼풀의 양 끝을 그러데이션 하듯 칠해요. 언더라인도 눈꼬리 쪽을 진하게 칠해주세요.

18 검정 파스텔로 눈꼬리 쪽을 다시 한번 진하게 칠하며 그러데이션 해요. 삼각 표시 부분에 연갈색 파스텔로 섀딩을 넣어 입체감을 더해요.

19 점막 아래에 흰색 아크릴 물감으로 눈 언더라인을 그려 눈매를 더욱 또렷하게 하고, 볼터치는 연분홍 파스텔을 이용해 사선으로 넣어요.

CLASS 4

눈동자 꾸미기

인형 리페인팅의 꽃은 역시 눈동자겠죠?
눈 속에 그릴 수 있는 그림이라는 게 한계가 있을 수밖에 없지만
도트펜을 이용하면 눈 속에 우주와 은하수도 담을 수 있어요!

베이비돌 리페인팅
영상을 참고하세요.

─ 윙크하는 눈 ─
깜찍 윙크

한쪽은 반개안으로, 다른 한쪽은 찡긋 감은 눈으로 표현하면
윙크하는 인형도 만들 수 있어요.

TOOLS

기본 도구
아세톤·매직블록·무광코팅제·지름 1.6cm 원형 스티커·붓·도트펜

컬러 도구
수채 색연필 흰색(101)·장미색(124)·코럴색(130)·코발트그린(156)·고동색(177)·검정(199)·갈색(283)
아크릴 물감 흰색(901)·아쿠아그린(947)·검정(999)
파스텔 연분홍·연갈색·빨강·검정

인형
클렌징을 마친 베이비돌(p.16 참조)

HOW TO REPAINT

STEP 1 스케치하기

❀ 아이라인 그리기

01 왼쪽 눈은 검정 색연필로 인형의 눈꺼풀보다 3mm 정도 아래에 아이라인을 그려요. 몰드의 눈꼬리와 닿게 하되 길게 빼요. 언더라인은 고동색 색연필로 눈 안쪽을 몰드보다 깊게 그려요. 오른쪽 눈은 몰드 중앙에 곡선으로 웃는 눈매로 그려요.

∞ 쌍꺼풀·눈동자 그리기

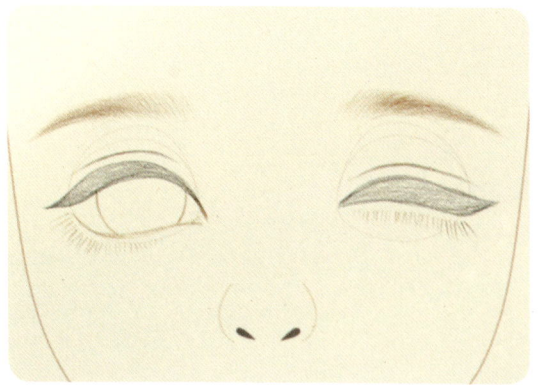

02 고동색 색연필로 아이라인에서 2~3mm 위에 쌍꺼풀을 그리고, 눈썹과 언더 속눈썹도 자연스럽게 그려요. 지름 1.6cm 원형 스티커를 왼쪽 눈에 붙이고, 갈색 색연필로 스티커를 따라 눈동자를 그린 뒤 스티커를 제거해요.

∞ 베이스 섀딩 주기

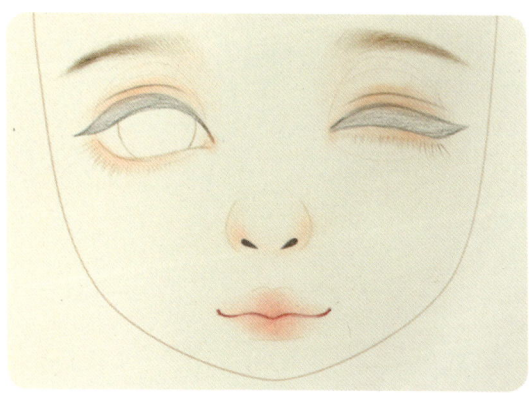

03 연갈색 파스텔로 눈썹 앞은 연하게 끝은 진하게, 쌍꺼풀은 중앙은 진하게 좌우로 연하게, 눈 아래는 안쪽은 연하게 바깥은 진하게 칠해요. 입술은 빨강 파스텔로 가운데는 진하게 좌우로 연하게 펴주듯 칠해요. 장미색 색연필로 입술 중앙 라인을 그려요.

STEP 2
컬러 입히기

❦ 눈동자·아이라인 칠하기

04 흰색 아크릴 물감에 물을 적당히 섞어 흰자위를 칠해요. 얇게 칠한 뒤 말리고 덧바르는 작업을 3~5회 반복해요. 이어서 검정 아크릴 물감으로 아이라인을 칠해요.

05 아쿠아그린 아크릴 물감에 검정과 흰색 아크릴 물감을 섞어 채도를 낮추고, 물을 섞어 묽게 만든 뒤 납작붓을 이용해 가장자리는 진하게, 안쪽은 연하게 퍼지듯 칠해요.

06 눈동자 가장자리만 한 번 더 진하게 칠해요.

❦ 동공 칠하기

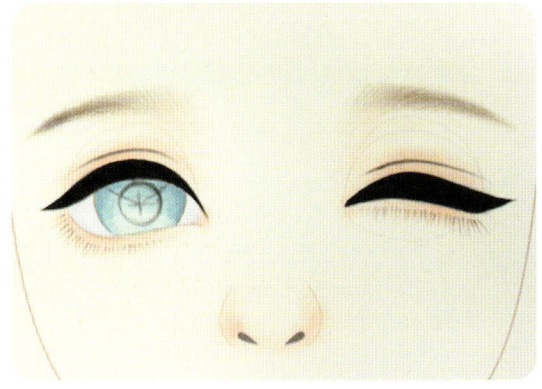 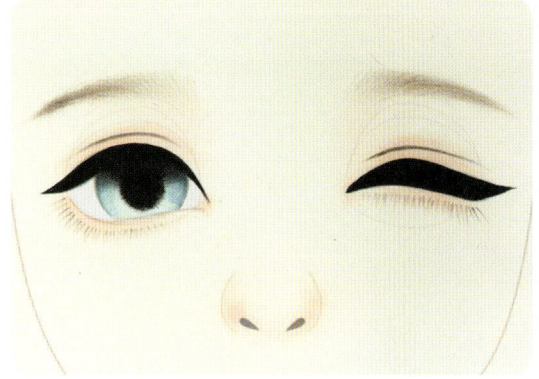

07 검정 색연필로 눈동자 중앙에 십자 모양을 그린 뒤 원으로 이어요. 검정 색연필로 눈동자와 아이라인이 닿는 부분을 부채꼴 모양으로 표시해요(10시, 2시 방향).

08 색연필로 표시한 동공과 부채꼴, 아이라인을 검정 아크릴 물감으로 칠합니다. 연하게 여러 번 덧칠해요. 물감을 조금 묻혀 밖으로 1mm 정도씩 빼주세요.

TIP 물감으로 1mm씩 빼기 어려울 경우 색연필을 사용해도 돼요.

∞ 홍채 칠하기

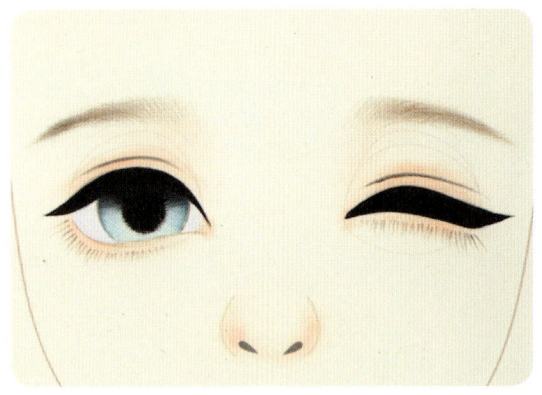

09 흰색 아크릴 물감에 물을 섞어 묽게 한 뒤 홍채의 밝은 부분을 채우듯 여러 번 선을 그어요. 동공에 닿지 않게 3회 정도 반복하면 자연스럽게 그러데이션 돼요.

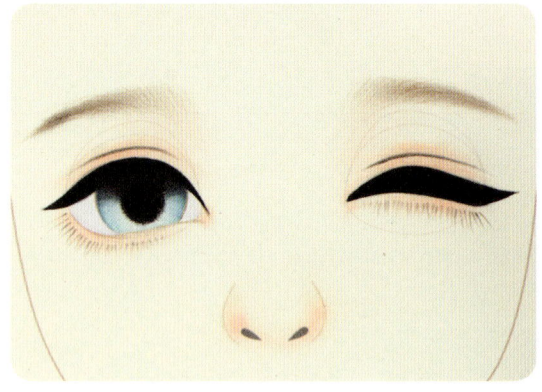

10 아쿠아그린과 흰색 아크릴 물감을 섞어 중간색을 만든 뒤, 공간을 채우는 느낌으로 09와 바탕색을 연결하듯 선으로 연하게 칠해요.

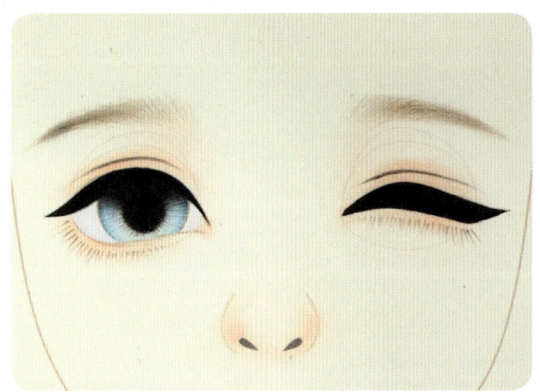

11 흰색 색연필로 빈틈을 메운 후 코발트그린 색연필로 다시 한번 메우기를 반복해요.

STEP 3
마무리하기

❀ 눈·눈썹·입술 정리하기

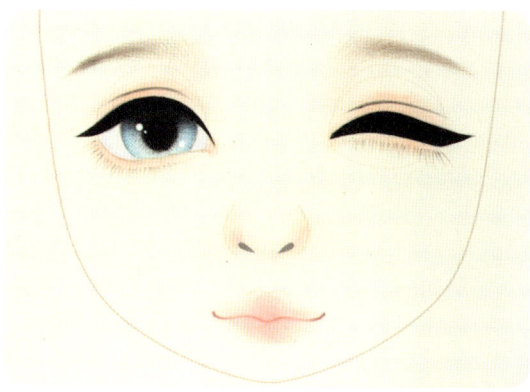

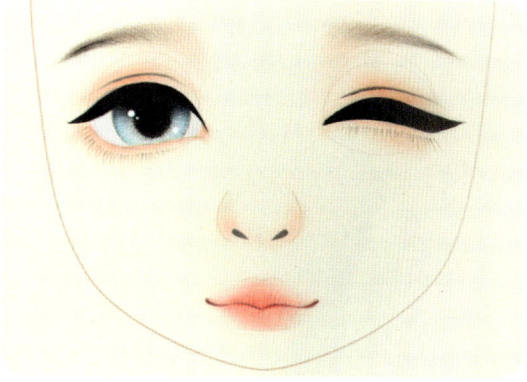

12 동공과 부채꼴 부분을 검정 파스텔로 칠하고 눈동자와 연결해요. 검정 색연필로 부채꼴 부분에서 홍채로 이어지는 부분과 동공 부분을 정리해요. 도트펜을 이용해 사선 방향으로 그림과 같이 흰 점을 찍어요.

13 코럴색 색연필로 눈 밑에 점막을 그려요. 고동색 색연필로 눈썹 끝과 아래 속눈썹 뿌리 쪽을 다시 한번 진하게 그려요. 입술 안쪽은 장미색 색연필로, 바깥쪽은 코럴색 색연필로 주름을 그린 뒤, 빨강 파스텔로 덧칠해요.

❀ 기타 정리하기

14 점막 아래에 흰색 아크릴 물감으로 눈 언더라인을 그려 눈매를 더욱 또렷하게 해요. 쌍꺼풀 라인 쪽을 연갈색 파스텔로 톡톡 칠하고, 연분홍 파스텔로 볼터치를 동그랗게 퍼지듯 칠해요.

— 애니메이션 눈 —
우주를 줄게

실력이 조금 쌓였다면 눈 속에 우주를 그려보는 건 어떠세요?
애니메이션 같은 눈을 만들 수 있답니다.

TOOLS

기본 도구
아세톤·매직블록·무광코팅제·지름 1.6cm 원형 스티커·붓·도트펜

컬러 도구
수채 색연필 흰색(101)·장미색(124)·코럴색(130)·보라(138)·헬리오블루(151)·
코발트그린(156)·고동색(177)·검정(199)·갈색(283)
아크릴 물감 흰색(901)·레몬옐로(902)·마린블루(937)·라일락(942)·아쿠아그린(947)·검정(999)
파스텔 연분홍·연갈색·빨강·검정

인형
클렌징을 마친 베이비돌(p.16 참조)

HOW TO REPAINT

STEP 1 스케치하기

∞ 아이라인·속눈썹 그리기

 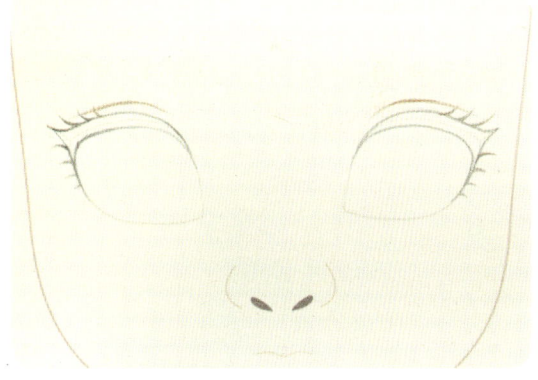

01 검정 색연필로 아이라인을 그립니다. 눈꼬리 부분은 그대로 살리고 언더라인으로 이어지게 살짝 내려 두께감 있게 그려주세요. 속눈썹은 위아래로 3~4가닥 그려요.

02 갈색 색연필로 속눈썹 뿌리 부분을 더 도톰하게 해서 뾰족한 느낌을 주고, 쌍꺼풀은 라인에 맞춰 그려요.

❦ 눈동자·눈썹 그리기

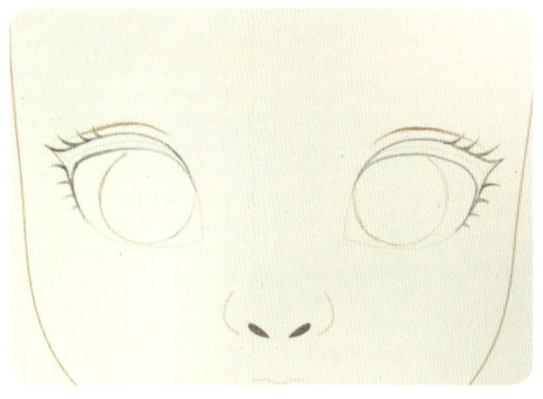 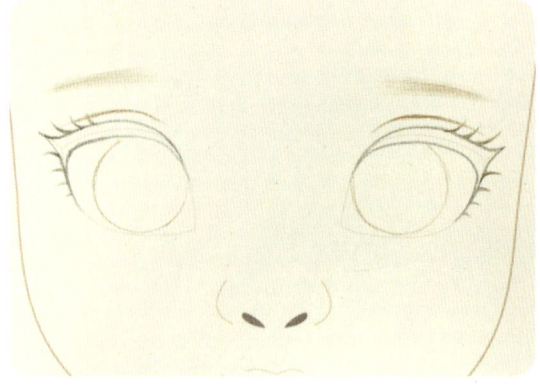

03 지름 1.6cm의 원형 스티커를 양쪽 눈에 붙여요. 정중앙보다는 약간 안쪽에 붙이고, 갈색 색연필로 원을 그린 뒤 스티커를 제거해요.

04 갈색 색연필로 눈썹을 자연스럽게 그려요. 너무 도톰하지 않게 그려주세요.

❦ 베이스 섀딩 주기

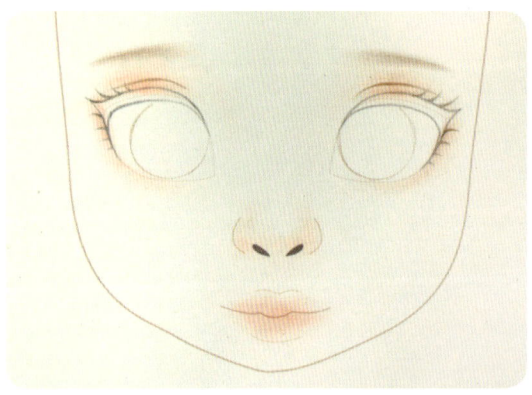

05 연갈색 파스텔을 붓에 묻혀 눈과 코, 입술에 섀딩을 줍니다. 눈썹 앞은 연하게 끝은 진하게, 쌍꺼풀은 중앙은 진하게 좌우로 연하게, 눈 아래는 안쪽은 연하게 바깥은 진하게 칠해요. 입술은 가운데는 진하게 좌우로 연하게 펴주듯 칠해요.

STEP 2
컬러 입히기

∞ 눈동자·아이라인 칠하기

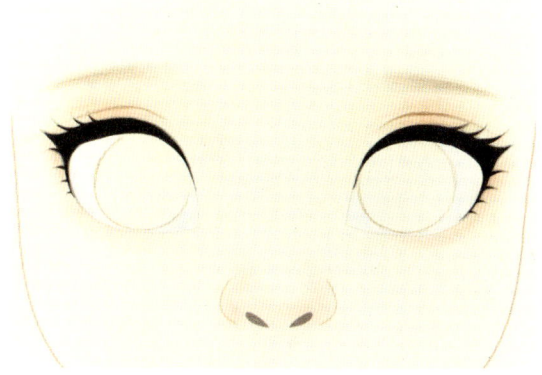

06 흰색 아크릴 물감에 물을 적당히 섞어 흰자위를 칠해요. 얇게 칠한 뒤 말리고 덧바르는 작업을 3~5회 반복해요. 검정 아크릴 물감으로 아이라인을 먼저 칠하고, 속눈썹은 뿌리 부분만 진하게 그려요.

07 라일락, 아쿠아그린, 마린블루 아크릴 물감을 각각 묽게 만들어요. 먼저 라일락 색을 하단 중앙에 칠하고, 양쪽 가장자리를 아쿠아그린으로, 이어서 상단을 마린블루로 칠해 그러데이션 해요.

TIP 물감이 마르기 전에 색깔을 바꿔야 자연스럽게 그러데이션 돼요.

∞ 동공 칠하기

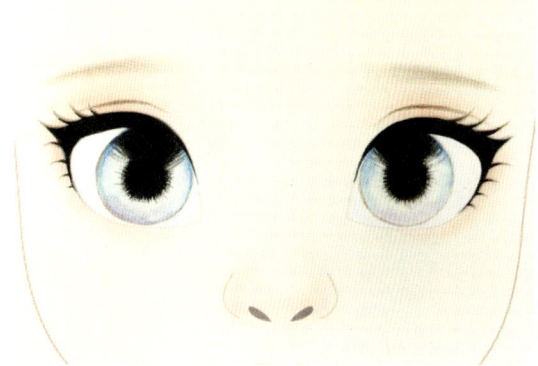

08 검정 색연필로 중앙에 십자 모양을 그린 뒤 원으로 이어요. 검정 색연필로 눈동자와 아이라인이 닿는 부분을 부채꼴 모양으로 표시해요(10시, 2시 방향).

09 색연필로 표시한 동공과 부채꼴, 아이라인을 검정 아크릴 물감으로 칠합니다. 연하게 여러 번 덧칠해요. 물감을 조금 묻혀 밖으로 1mm 정도씩 빼주세요.

TIP 물감으로 1mm씩 빼기 어려울 경우 색연필을 사용해도 돼요.

∞ 홍채 칠하기

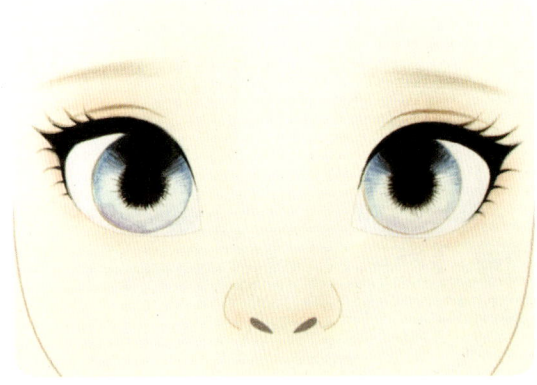

10 마린블루 아크릴 물감으로 부채꼴 양 끝을 덧칠해 그러데이션을 주면 눈동자 색이 더욱 선명해져요.

11 아쿠아그린과 라일락 아크릴 물감으로 가장자리에 짧은 선으로 홍채를 그려요.

12 흰색 아크릴 물감을 묽게 해서 홍채의 밝은 부분을 채우듯 여러 번 선을 그어요. **10~12**를 3회 정도 반복하면 자연스럽게 그러데이션 돼요.

∞ 눈동자 미리 정리하기

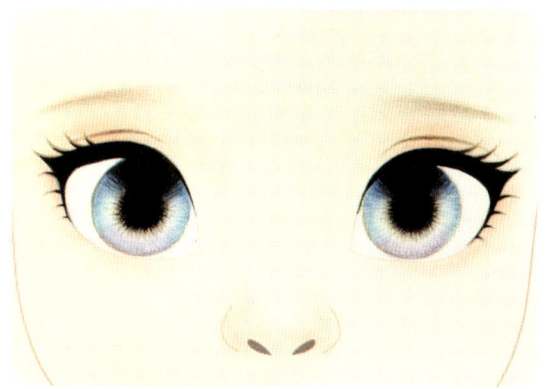
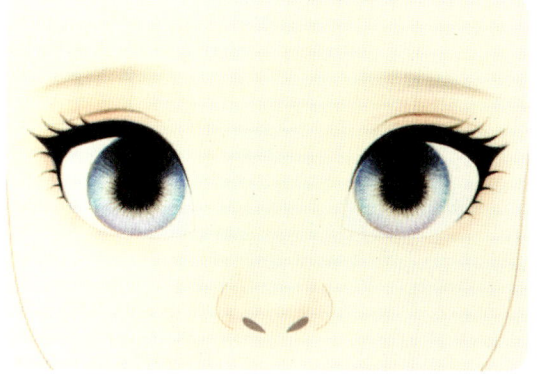

13 동공과 부채꼴 부분을 검정 파스텔로 칠하고 눈동자와 연결해요. 검정, 갈색 색연필로 부채꼴 부분에서 홍채로 이어지는 부분과 동공 부분을 정리해요.

14 흰색 색연필로 빈틈을 메우고, 보라, 헬리오블루, 코발트그린 색연필로 다시 한번 메우기를 반복해요.

TIP 여기까지 작업한 다음 코팅제를 가볍게 한 번 뿌리면 색이 번지지 않아 이후 작업이 편해요.

∞ 애니메이션 눈 그리기

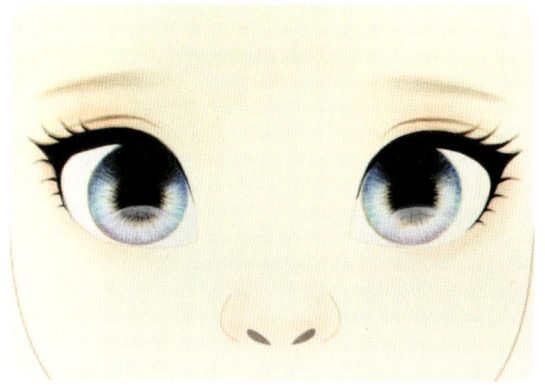

15 흰색 물감을 아주 묽게 해서 반달 느낌으로 눈동자의 아래 부분에 겹치듯 그려요. 색연필로 밑그림 그려놓고 작업해도 좋아요. 곡선 라인을 좀 더 진하게 흰색 색연필로 리터치 해요.

16 레몬옐로 아크릴 물감에 흰색을 조금 섞은 뒤 가는 붓 끝에 물감을 살짝 묻혀 별의 라인을 그린 다음 안쪽을 칠해요.

TIP 작은 별은 그리면 안쪽이 바로 채워져요. 연출컷처럼 하트를 그려도 좋아요.

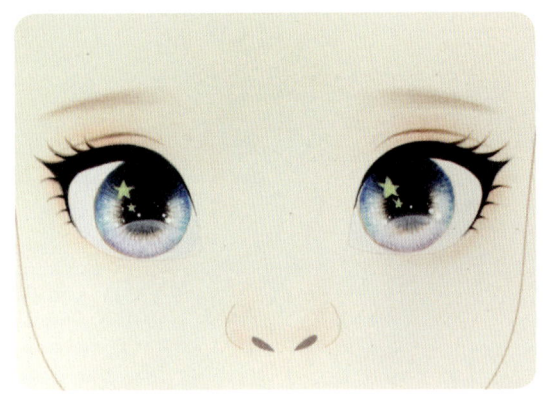

<u>17</u> 도트펜을 이용해 반달 모양의 위쪽으로 흰 점을 찍어 반짝반짝 빛나는 느낌을 줘요.

<u>18</u> 흰색 아크릴 물감을 가는 붓 끝에 살짝 묻힌 다음, 노란 별과 대각선 방향에 '*' 표를 그려 반짝임을 표현해요.

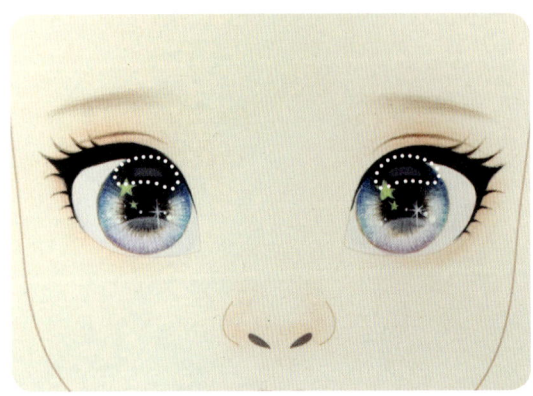

<u>19</u> 흰색과 검정 아크릴 물감을 섞어 회색으로 눈동자 윗부분에 반사광을 그려요.

STEP 3
마무리하기

∞ 눈썹 정리하기

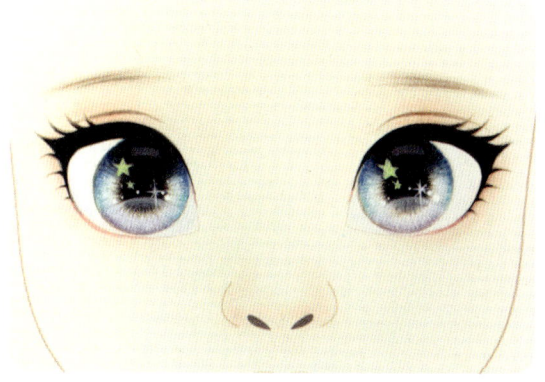

20 눈썹은 고동색 색연필로 두 가닥 정도의 선으로 쓱쓱 그린 듯한 느낌을 내요. 코럴색 색연필로 눈 밑에 점막을 그려요.

∞ 기타 정리하기

21 입술 중앙 라인을 장미색 색연필로 그려요. 코럴색 색연필로 주름을 그린 뒤, 빨강 파스텔로 덧칠해요.

22 쌍꺼풀 라인 쪽을 연갈색 파스텔로 톡톡 칠하고, 연분홍 파스텔로 볼터치를 동그랗게 퍼지듯 칠해요.

— 별자리 눈 —
별이 반짝반짝

별처럼 반짝이는 눈동자를 만들고 싶다는 생각만 하지 말고
도트펜을 이용해 진짜 별을 그려주세요.
내 별자리, 친구 별자리에 맞춰서 그리고 선물하기도 좋아요.

TOOLS

기본 도구
아세톤 · 매직블록 · 무광코팅제 · 지름 1.6cm 원형 스티커 · 붓 · 도트펜

컬러 도구
수채 색연필 흰색(101) · 다크오렌지(115) · 장미색(124) · 코럴색(130) · 마젠타(133) ·
헬리오블루(151) · 고동색(177) · 검정(199) · 갈색(283)
아크릴 물감 흰색(901) · 주홍색(917) · 피코크블루(933) · 라일락(942) · 검정(999)
파스텔 연분홍 · 연갈색 · 빨강 · 검정

인형
클렌징을 마친 베이비돌(p.16 참조)

HOW TO REPAINT
STEP 1 스케치하기

∞ **아이라인·속눈썹 그리기**

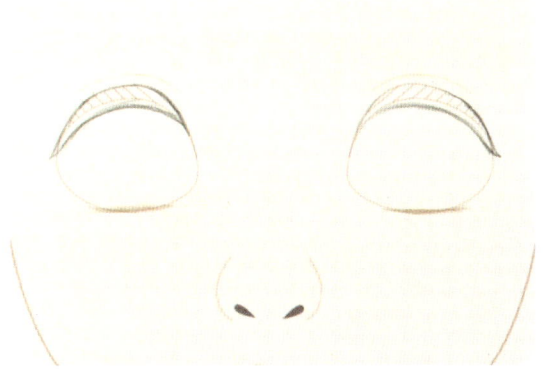 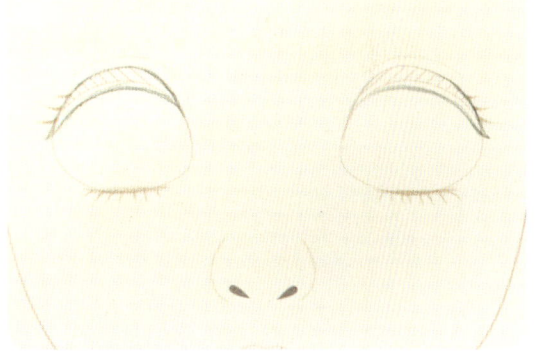

01 검정 색연필로 아이라인을 두께감 있게 그리되, 앞꼬리가 너무 길게 빠지지 않도록 주의해요. 언더라인은 갈색 색연필을 이용해 직선 느낌으로 그려주세요.

02 갈색 색연필로 속눈썹을 위아래에 모두 그려요. 속눈썹의 뿌리 부분을 좀 더 도톰하게 해서 뾰족한 느낌을 살려주세요.

∞ 눈동자·눈썹 그리기

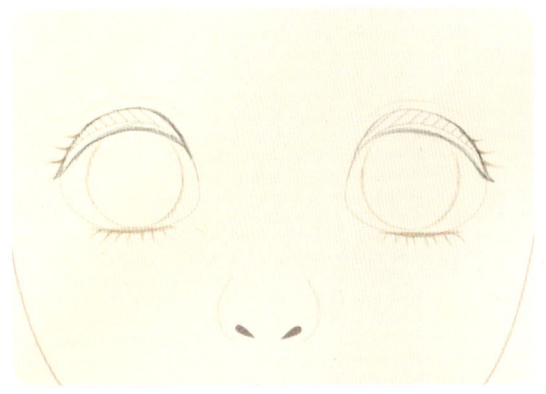 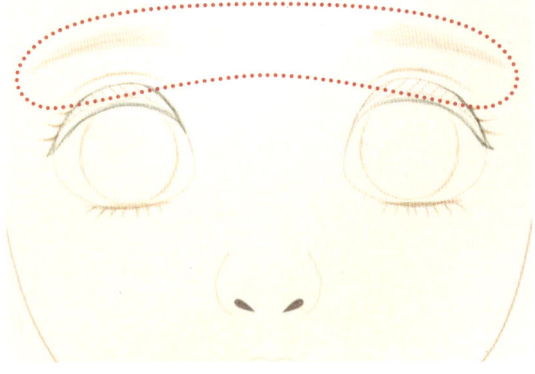

03 지름 1.6cm의 원형 스티커를 양쪽 눈에 붙여요. 정중앙보다는 약간 안쪽에 붙이고, 갈색 색연필로 원을 그린 뒤 스티커를 제거해요.

04 갈색 색연필로 눈썹을 자연스럽게 그려요. 너무 두껍지 않게 그려주세요.

∞ 베이스 섀딩 주기

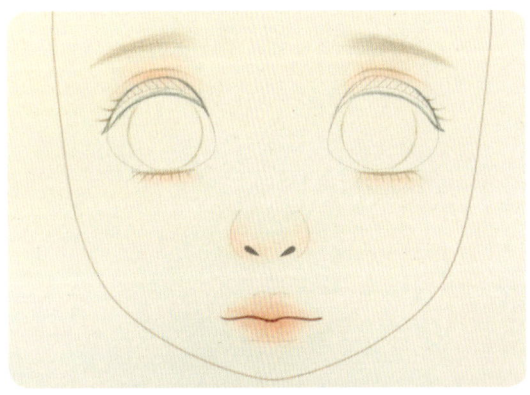

05 연갈색 파스텔을 붓에 묻혀 눈썹, 눈, 코, 입 주변에 섀딩을 줍니다. 입술은 가운데는 진하게 좌우로 연하게 펴주듯 칠해주세요. 입술 중앙 라인을 장미색 색연필로 그려요.

STEP 2
컬러 입히기

∞ 눈동자·아이라인 칠하기

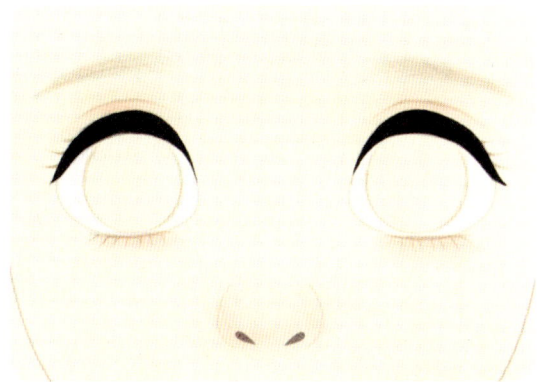
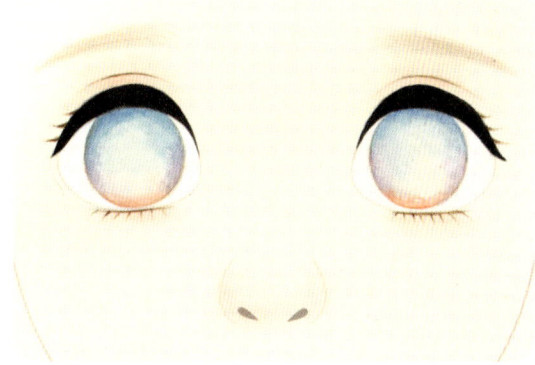

06 흰색 아크릴 물감에 물을 적당히 섞어 흰자위를 칠해요. 얇게 칠한 뒤 말리고 덧바르는 작업을 3~5회 반복해요. 검정 아크릴 물감으로 아이라인을 먼저 칠하고, 속눈썹은 뿌리 부분만 진하게 그려요.

07 피코크블루, 라일락, 주홍색 아크릴 물감을 각각 묽게 만들어요. 먼저 주홍색을 하단 중앙에 칠하고, 양쪽 가장자리를 라일락색으로, 이어서 상단을 피코크블루로 칠해 그러데이션 해요.

TIP 물감이 마르기 전에 색깔을 바꿔야 자연스럽게 그러데이션 돼요.

∞ 동공 칠하기

08 검정 색연필로 눈동자 중앙에 십자 모양을 그린 뒤 원으로 이어요. 검정 색연필로 눈동자와 아이라인이 닿는 부분을 부채꼴 모양으로 표시해요(10시, 2시 방향).

09 색연필로 표시한 동공과 부채꼴, 아이라인을 검정 아크릴 물감으로 칠합니다. 연하게 여러 번 덧칠해요. 물감을 조금 묻혀 동공 밖으로 1mm 정도씩 빼주세요.

TIP 물감으로 1mm씩 빼기 어려울 경우 색연필을 사용해도 돼요.

∞ 홍채 칠하기

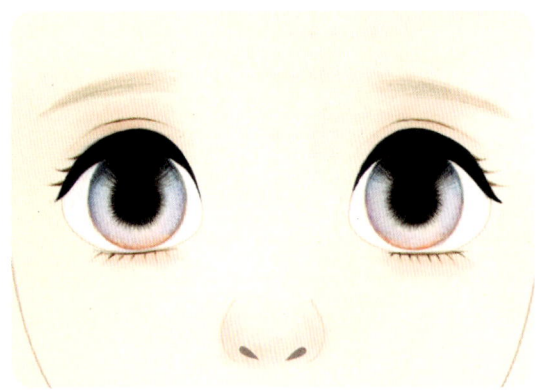

10 흰색 아크릴 물감을 묽게 해서 홍채의 밝은 부분을 채우듯 여러 번 선을 그어요.

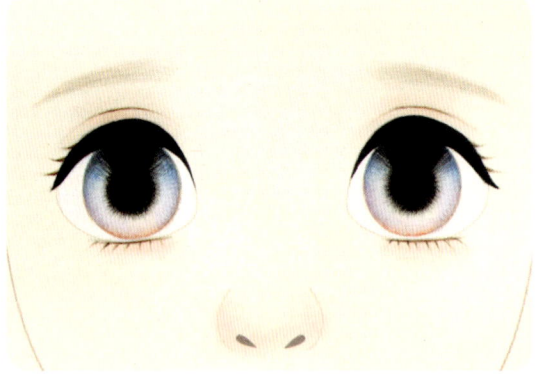

11 피코크블루 아크릴 물감으로 부채꼴 가장자리를 덧칠해 그러데이션을 줘요. 눈동자 색이 더욱 선명해져요.

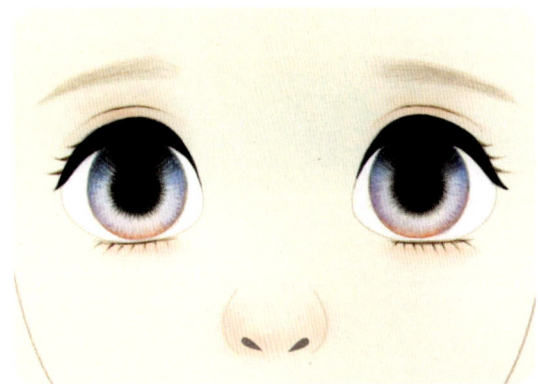

12 헬리오블루, 마젠타, 다크오렌지 색연필로 다시 한 번 빈틈을 메우며 라인을 다듬고, 홍채를 완성해요. 10~12를 2~3회 반복하면 더 자연스러운 색이 나와요.

∞ 눈동자 미리 정리하기

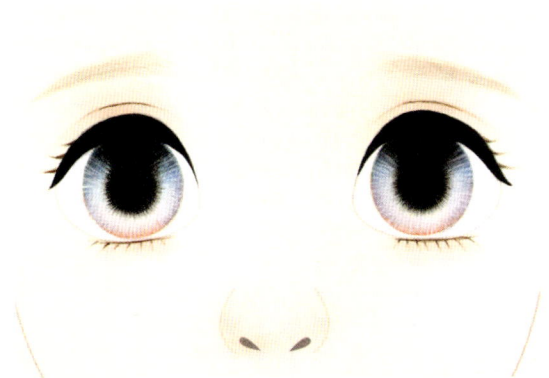

13 동공과 부채꼴 부분을 검정 파스텔로 칠하고 눈동자와 연결해요. 검정 색연필로 부채꼴 부분에서 홍채로 이어지는 부분과 동공 부분을 정리해요. 다시 흰색 색연필로 빈틈을 메우고, 헬리오블루, 마젠타, 다크오렌지 색연필로 다시 한번 메우기를 반복해요.

TIP 여기까지 작업한 다음 코팅제를 가볍게 한 번 뿌리면 색이 번지지 않아 이후 작업이 편해요.

∞ 별자리 눈 그리기(*사자자리)

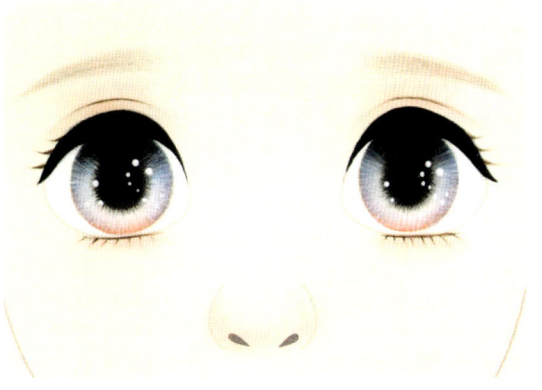

14 도트펜을 이용해 사자자리 별 위치에 점을 찍어요. 다른 별자리는 p.111을 참고하세요.

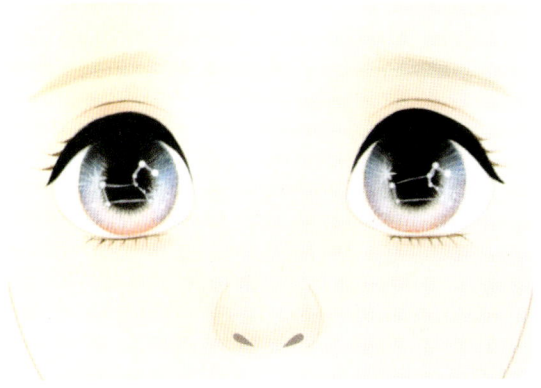

15 점을 따라 가늘게 선을 그어 별자리를 연결해요. 그림과 같이 사선으로 '*' 표를 그려주면 더욱 반짝이는 느낌을 낼 수 있어요.

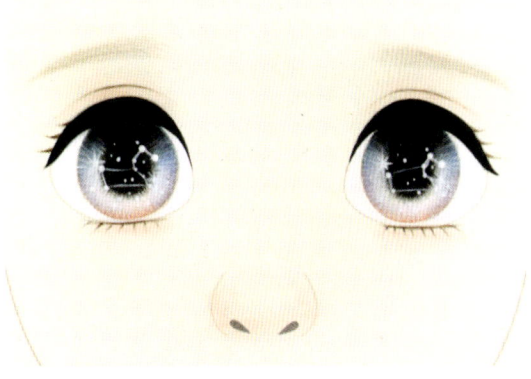

16 별자리 옆 공간에 작은 점들을 콕콕 찍어 은하수 느낌을 내도 좋아요.

STEP 3
마무리하기

∞ 눈썹·입술 정리하기

17 눈썹 결은 그리지 않고 고동색 색연필로 자연스러운 터치감만 주세요. 입술 중앙의 위와 아래에 코럴색 색연필로 가볍게 선을 넣고 입술을 빨간 파스텔로 덧칠해요.

∞ 기타 정리하기

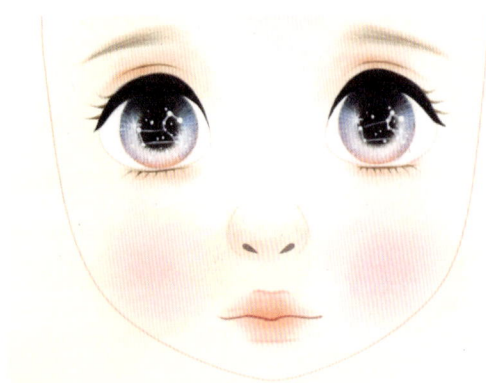

18 쌍꺼풀 중앙에 연갈색 파스텔을 그러데이션 하듯 칠하고, 언더라인에도 중앙을 은은하게 연갈색 파스텔로 터치해요. 연분홍 파스텔로 볼터치를 동그랗게 퍼지듯 칠해요.

12가지 별자리

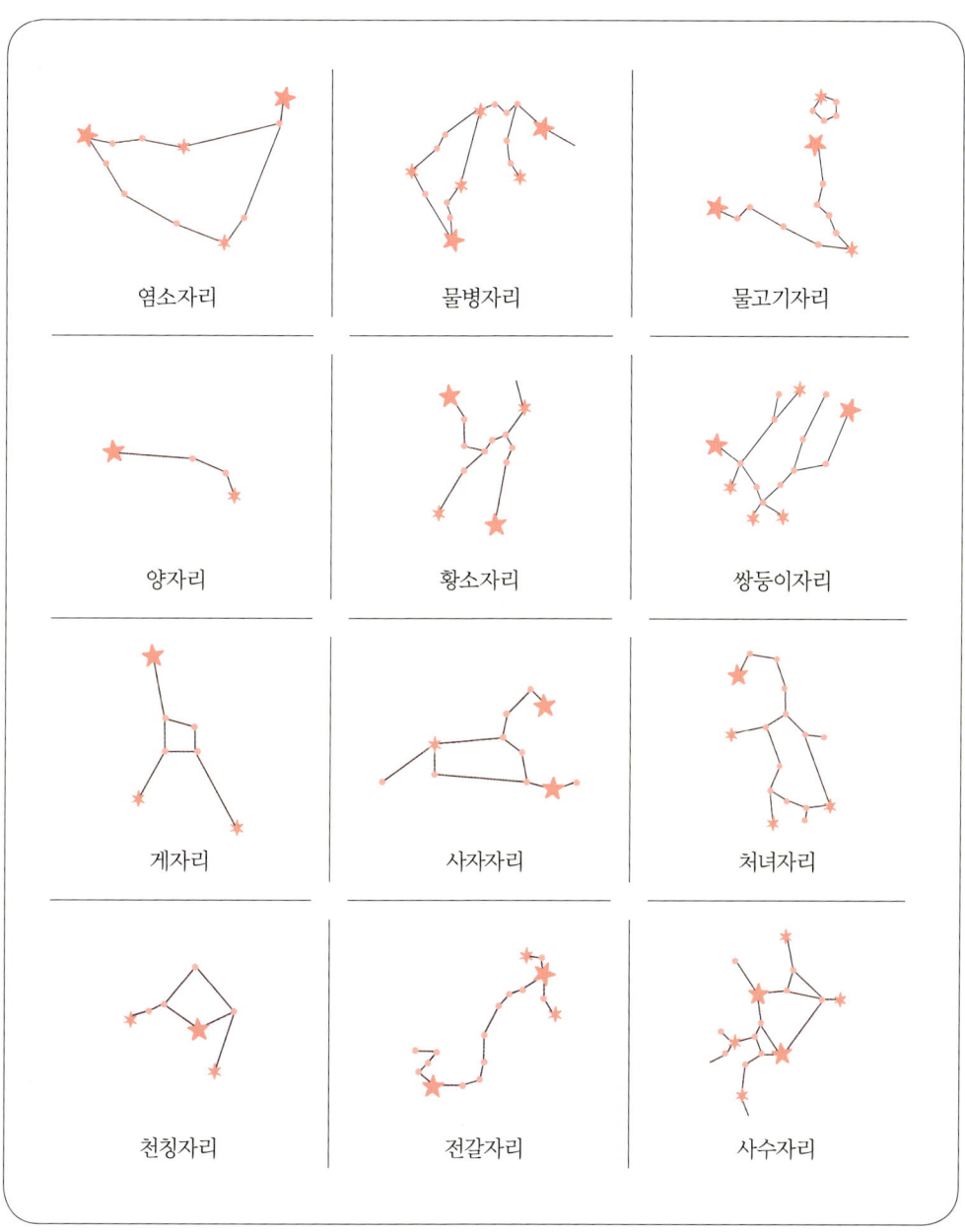

※ 그림을 참고해 원하는 별자리를 그려보세요.

CLASS 5

다양한 표정 만들기

앞에서 눈 중심으로 리페인팅을 배웠다면
이번에는 색다른 표정으로 얼굴 전체의 느낌을 바꿔볼 거예요.
눈웃음으로 해사하게 웃는 표정부터
입을 삐죽 내민 표정, 엉엉 우는 표정까지
못난이 인형 3종 세트입니다.

베이비돌 리페인팅
영상을 참고하세요.

— 눈웃음 표정 —
환하게 웃어요

색다른 느낌을 내고 싶다면 환하게 웃는 얼굴을 만들어보세요.
콧등에 주근깨까지 잔잔하게 얹으면
동화 속 순수한 아이의 모습을 만날 수 있어요.

TOOLS

기본 도구
아세톤·매직블록·무광코팅제·붓·도트펜

컬러 도구
수채 색연필 장미색(124)·코럴색(130)·고동색(177)·연갈색(180)·검정(199)·갈색(283)
아크릴 물감 검정(999)
파스텔 연분홍·연갈색·빨강

인형
클렌징을 마친 베이비돌(p.16 참조)

HOW TO REPAINT
STEP 1 스케치하기

∞ 아이라인·쌍꺼풀 그리기

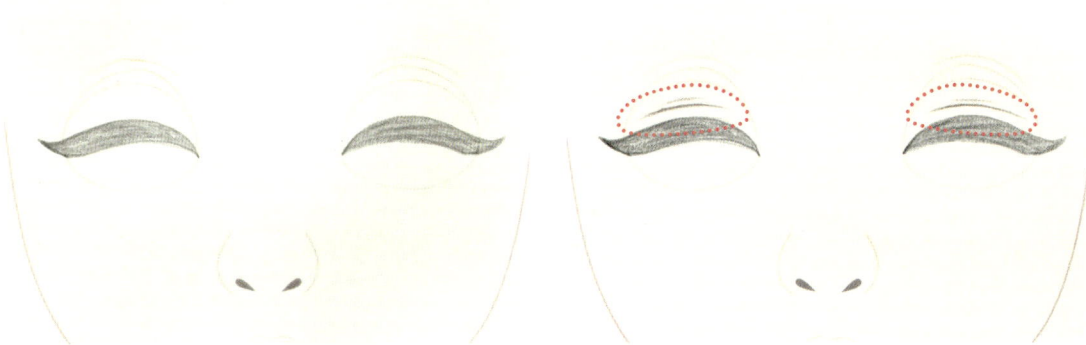

01 검정 색연필로 눈의 중앙에 물결 모양으로 웃는 눈매를 그려요. 두께감도 도톰하게 주세요.

02 검정 색연필로 아이라인 위 2~3mm 정도에 쌍꺼풀을 두 줄로 그려요. 아래는 길게 위는 짧게 그려주세요.

∞ 눈썹·속눈썹 그리기

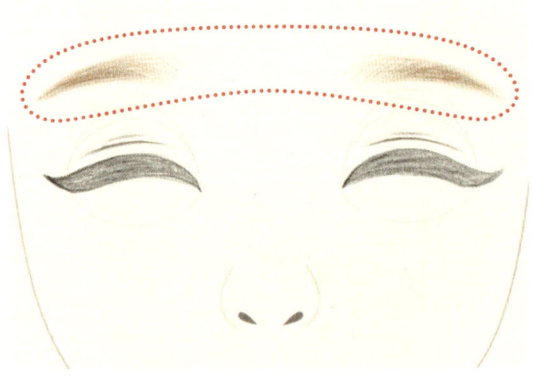

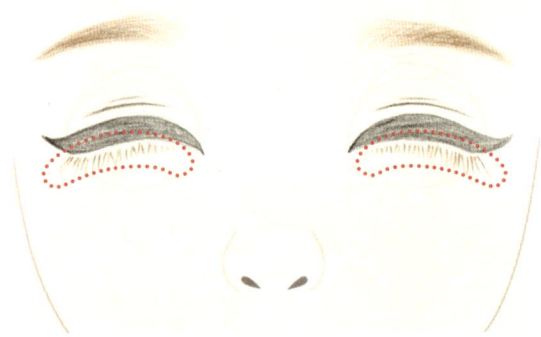

03 갈색 색연필로 눈썹을 자연스럽게 그려주세요.

04 눈 밑에 갈색 색연필로 속눈썹을 그려요. 1mm 간격으로 끝에서부터 자연스럽게 그려요.

∞ 입술 그리기

05 입술은 약간 벌린 느낌으로 표현할 거예요. 먼저 장미색 색연필로 윗입술 아래 라인과 아랫입술 위 라인을 그림과 같이 곡선으로 그려요.

∞ 베이스 섀딩 주기

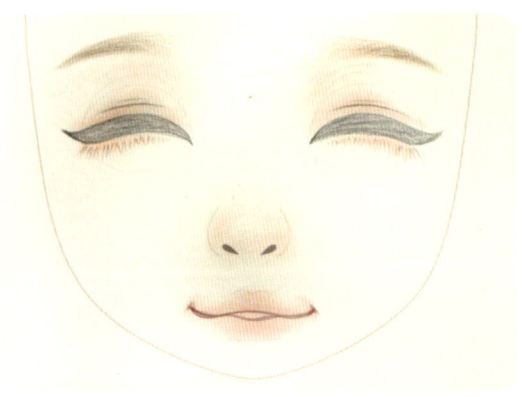

06 연갈색 파스텔을 붓에 묻혀 눈, 쌍꺼풀, 코, 입술에 섀딩을 줍니다.

STEP 2
컬러 입히기

∞ 아이라인·눈썹·속눈썹 칠하기

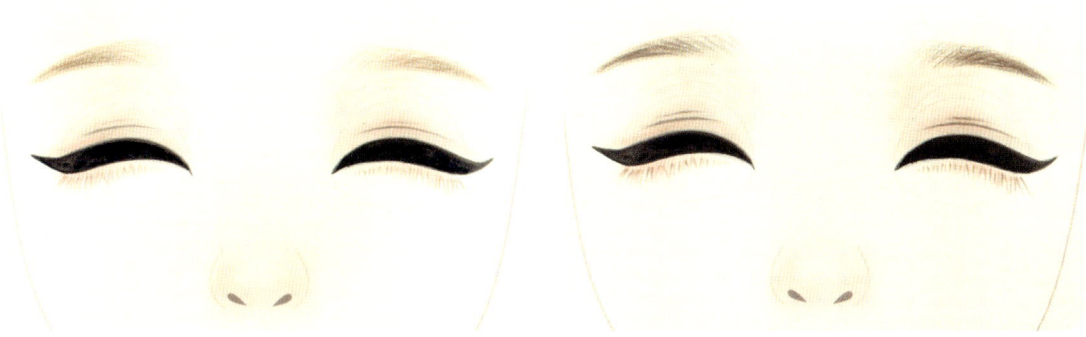

07 검정 아크릴 물감으로 아이라인을 칠해요.

08 고동색 색연필로 눈썹은 결을 살려 그리고, 쌍꺼풀과 아래 속눈썹은 좀 더 진하게 리터치해요.

∞ 입술 칠하기

09 입술 가운데 벌어진 부분을 검정 아크릴 물감으로 칠해요.

10 입술 안쪽은 장미색 색연필로, 바깥쪽은 코럴색 색연필로 주름을 그리고, 입술 양 끝은 대각선으로 선을 살짝 넣어 더 웃는 모습을 만든 뒤 빨강 파스텔로 덧칠해요.

STEP 3
마무리하기

∞ 기타 정리하기

∞ 주근깨 넣기

11 쌍꺼풀 라인 쪽을 연갈색 파스텔로 톡톡 칠하고, 연분홍 파스텔로 볼터치를 동그랗게 퍼지듯 칠해요.

12 주근깨를 넣을 콧등을 코럴색 파스텔로 칠해요.

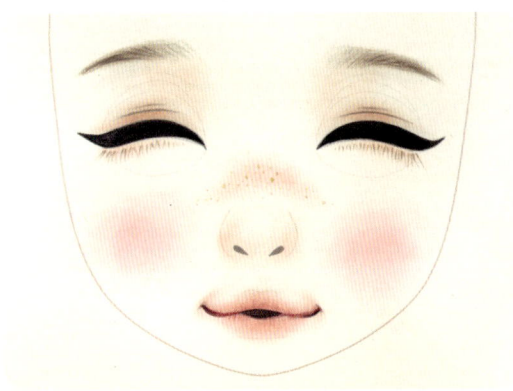

13 갈색, 연갈색 색연필을 종이에 칠한 뒤 물방울을 떨어뜨린 다음 가는 붓으로 찍어 콧등에 주근깨를 콕콕 찍어요.

삐친 표정
흥, 삐쳤어요
환하게 웃는 인형은 언제 봐도 예쁘지만,
울고, 토라지고, 화내는 못난이 인형이 사랑스러워 보일 때가 있어요.

TOOLS

기본 도구
아세톤 · 매직블록 · 무광코팅제 · 붓 · 도트펜

컬러 도구
수채 색연필 장미색(124) · 코럴색(130) · 고동색(177) · 연갈색(180) · 검정(199) · 갈색(283)
아크릴 물감 흰색(901) · 세피아(928) · 검정(999)
파스텔 연분홍 · 연갈색 · 빨강 · 검정

인형
클렌징을 마친 베이비돌(p.16 참조)

HOW TO REPAINT

STEP 1 스케치하기

∞ 아이라인·쌍꺼풀 그리기

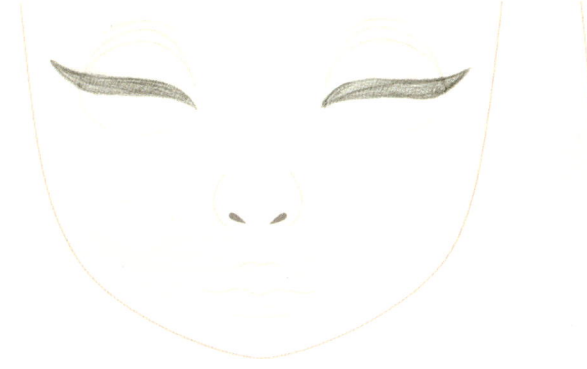 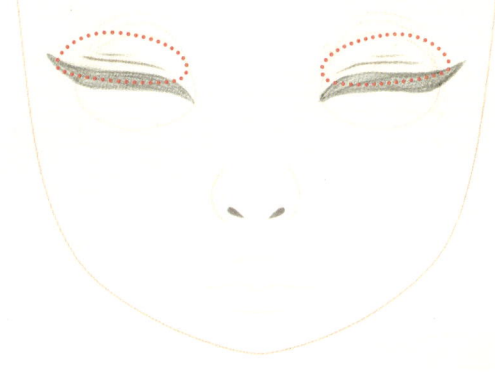

01 검정 색연필로 눈의 중앙에서 사선으로 눈꼬리를 올려 토라진 눈매를 그림과 같이 그려요.

02 검정 색연필로 아이라인 위 2~3mm 정도에 쌍꺼풀을 두 줄로 그려요. 아래는 길게 위는 짧게 그려주세요.

∞ 눈썹·속눈썹·눈동자 그리기

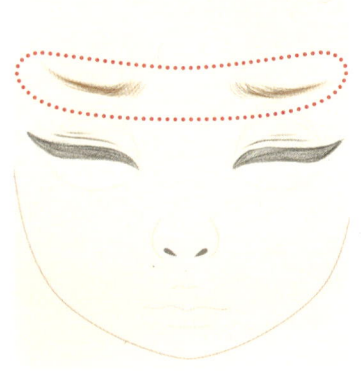 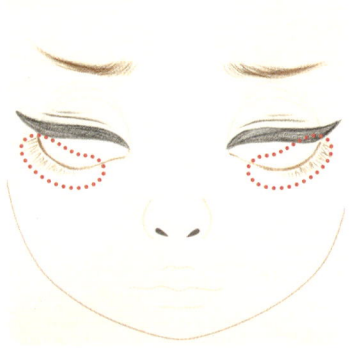 

03 갈색 색연필로 눈썹을 그리되 양 끝을 올려 삐친 얼굴을 표현해요.

04 갈색 색연필로 눈의 언더라인을 잡아준 뒤 아래 속눈썹을 그려요. 1mm 간격으로 끝에서부터 자연스럽게 그려주세요.

05 갈색 색연필로 납작한 반원 느낌의 눈동자를 그려요. 눈이 작아져 스티커를 사용하지 않고도 눈동자를 그릴 수 있어요.

∞ 입술 그리기

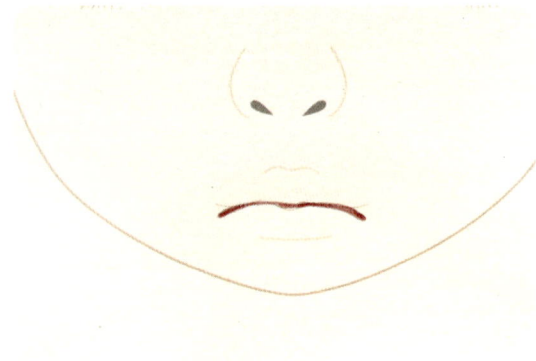

06 인형 얼굴을 정면으로 놓고 입 모양을 잡아주세요. 양 끝을 처지게 해 입을 삐죽 내민 모습을 표현할 거예요. 장미색 색연필로 입술 가운데를 곡선으로 그려요.

∞ 베이스 섀딩 주기

07 연갈색 파스텔을 붓에 묻혀 눈, 쌍꺼풀, 코, 입술에 섀딩을 줍니다.

STEP 2
컬러 입히기

∞ 눈동자 칠하기

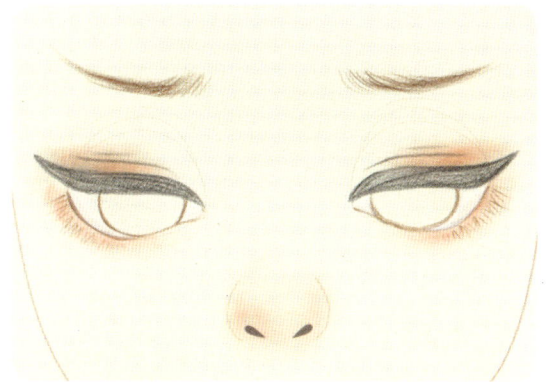

08 흰색 아크릴 물감에 물을 적당히 섞어 살짝 비치는 느낌이 드는 상태에서 흰자위를 칠해요. 얇게 칠한 뒤 말리고 덧바르는 작업을 3~5회 반복해요.

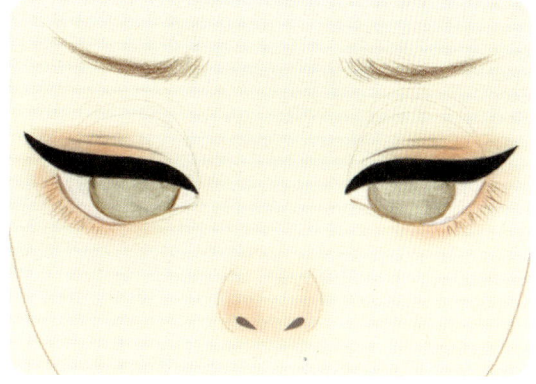

09 세피아 아크릴 물감에 물을 섞어 눈동자를 칠해요. 가장자리를 좀 더 진하게 그린 뒤, 검정 아크릴 물감으로 아이라인을 칠해요.

∞ 동공 칠하기

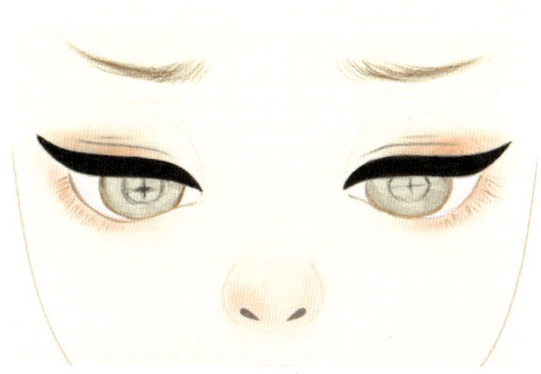

10 검정 색연필로 동공을 원으로 그려요. 언더라인과 간격을 확인하며 그려주세요.

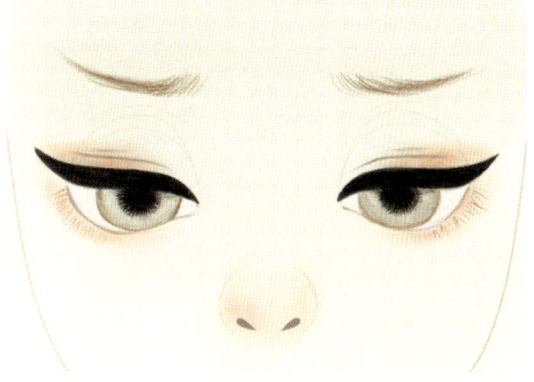

11 색연필로 표시한 동공을 검정 아크릴 물감으로 칠합니다. 연하게 여러 번 덧칠해요. 물감을 조금 묻혀 동공 밖으로 1mm 정도씩 빼주세요.

TIP 물감으로 1mm씩 빼기 어려울 경우 색연필을 사용해도 돼요.

∞ 홍채 칠하기

12 눈동자의 가장자리에 세피아 아크릴 물감으로 홍채 선을 짧게 그려주세요.

13 흰색 아크릴 물감을 묽게 해서 홍채의 밝은 부분을 채우듯 여러 번 선을 그어요. 동공에 닿지 않게 3회 정도 반복하면 자연스럽게 그러데이션 돼요.

14 세피아와 흰색 아크릴 물감을 섞어 중간색을 만든 뒤, 공간을 채우는 느낌으로 **13**과 바탕색을 연결하듯 선으로 연하게 칠해요. **12~14**를 2~3회 반복하면 자연스러운 색이 나와요.

STEP 3
마무리하기

❀ 눈·눈썹·속눈썹 정리하기

15 동공과 부채꼴 부분을 검정 파스텔로 칠하고 눈동자와 연결해요. 검정 색연필로 부채꼴 부분에서 홍채로 이어지는 부분과 동공 부분을 정리해요.

16 도트펜을 이용해 사선 방향으로 그림과 같이 흰 점을 찍어주세요.

17 고동색 색연필로 눈썹과 아래 속눈썹, 쌍꺼풀을 좀 더 진하게 그려주세요.

❀ 기타 정리하기

18 입술 안쪽은 장미색 색연필로, 바깥쪽은 코럴색 색연필로 주름을 그리고, 빨강 파스텔로 덧칠해요.

19 눈과 눈썹 안쪽 삼각 표시 부분에 연갈색 파스텔로 음영을 주면 더 찡그린 표정을 만들 수 있어요.

20 연분홍 파스텔로 볼터치를 동그랗게 퍼지듯 칠해요. 주근깨를 넣어도 잘 어울려요(p.118 참조).

― 울보 표정 ―
눈물이 뚝뚝

못난이 인형 시리즈에서 빼놓을 수 없는 우는 아이 얼굴이에요.
양 볼에 눈물방울까지 그려주면
세상 어디에도 없는 나만의 울보 인형이 완성돼요.

TOOLS

기본 도구
아세톤·매직블록·무광코팅제·붓·도트펜

컬러 도구
수채 색연필 장미색(124)·코럴색(130)·고동색(177)·연갈색(180)·검정(199)·갈색(283)
아크릴 물감 흰색(901)·시에나(924)·검정(999)
파스텔 연분홍·연갈색·빨강·검정

인형
클렌징을 마친 베이비돌(p.16 참조)

HOW TO REPAINT
STEP 1
스케치하기

∞ 아이라인·쌍꺼풀 그리기

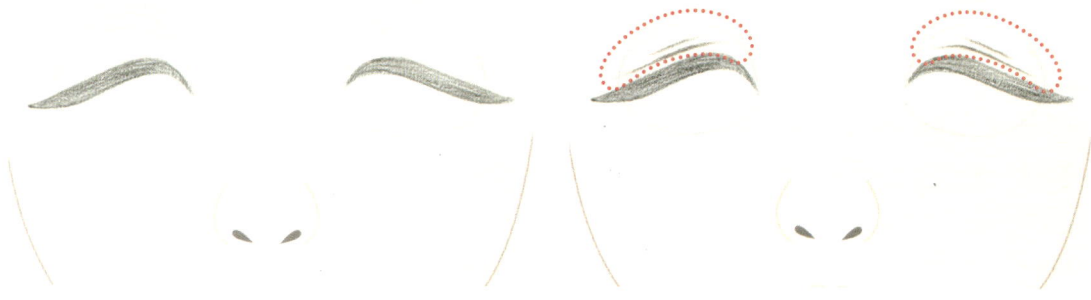

01 검정 색연필로 눈의 중앙에서 사선으로 눈꼬리를 내려 울상 짓는 눈매를 그림과 같이 그려요.

02 검정 색연필로 아이라인 위 2~3mm 정도에 쌍꺼풀을 두 줄로 그려요. 아래는 길게 위는 짧게 그려주세요.

∞ 눈썹·속눈썹·눈동자 그리기

  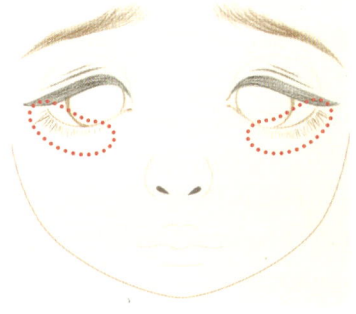

03 갈색 색연필로 눈썹을 그리되 양 끝을 아래로 내려 축 처지게 그려요. 눈의 언더라인도 잡아주세요.

04 갈색 색연필로 납작한 반원 느낌의 눈동자를 그려요. 눈이 작아져 스티커를 사용하지 않고도 눈동자를 그릴 수 있어요.

05 갈색 색연필로 아래 속눈썹을 그려요. 1mm 간격으로 끝에서부터 길이를 줄이며 자연스럽게 그려주세요.

∞ 입술 그리기   ∞ 베이스 섀딩 주기

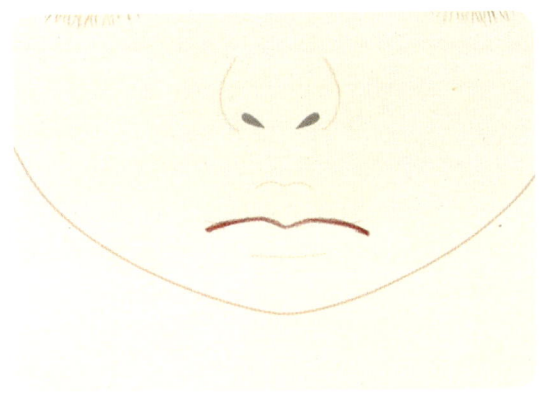 

06 인형 얼굴을 정면으로 놓고 입 모양을 잡아주세요. 입술 가운데 라인은 장미색 색연필로 양 끝을 축 처지게 그리되 가운데 굴곡을 살려주세요.

07 연갈색 파스텔을 붓에 묻혀 눈, 쌍꺼풀, 코에 섀딩을 줍니다. 입술은 빨강 파스텔을 이용해 덧칠해요.

STEP 2
컬러 입히기

∞ 눈동자 칠하기

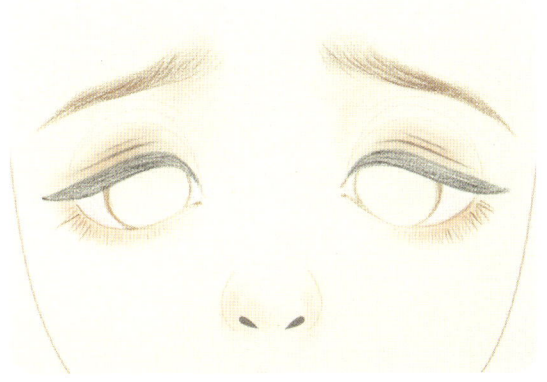
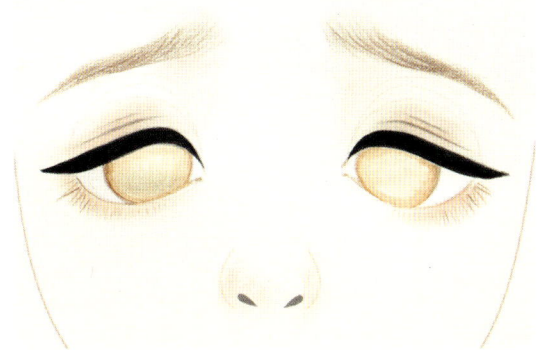

08 흰색 아크릴 물감에 물을 적당히 섞어 살짝 비치는 느낌이 드는 상태에서 흰자위를 칠해요. 얇게 칠한 뒤 말리고 덧바르는 작업을 3~5회 반복해요.

09 시에나 아크릴 물감에 물을 섞어 눈동자를 칠해요. 가장자리를 좀 더 진하게 그린 뒤, 검정 아크릴 물감으로 아이라인을 칠해요.

∞ 동공 칠하기

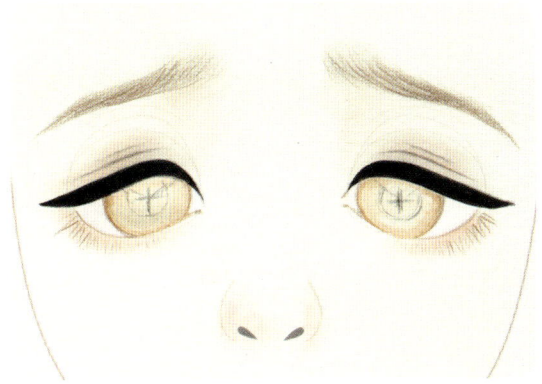
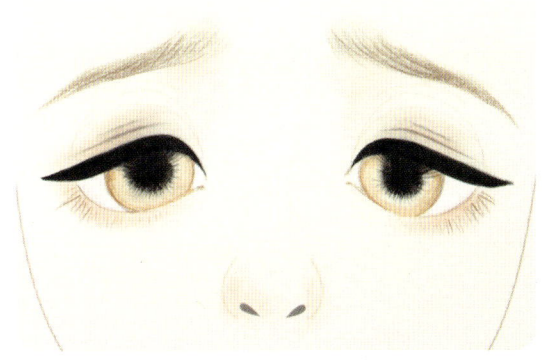

10 검정 색연필로 동공을 원으로 그려요. 언더라인과 간격을 확인하며 그려주세요.

11 색연필로 표시한 동공을 검정 아크릴 물감으로 칠합니다. 연하게 여러 번 덧칠해요. 물감을 조금 묻혀 동공 밖으로 1mm 정도씩 빼주세요.

TIP 물감으로 1mm씩 빼기 어려울 경우 색연필을 사용해도 돼요.

∞ 홍채 칠하기

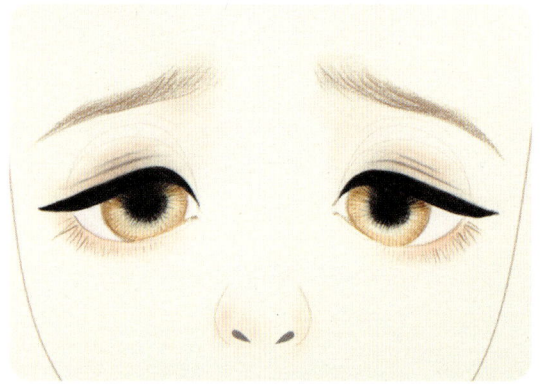

12 눈동자의 가장자리에 시에나 아크릴 물감으로 홍채 선을 짧게 그려주세요.

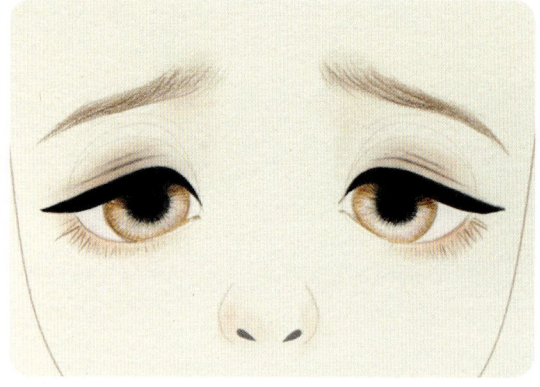

13 흰색 아크릴 물감을 묽게 해서 홍채의 밝은 부분을 채우듯 여러 번 선을 그어요. 동공에 닿지 않게 3회 정도 반복하면 자연스럽게 그러데이션 돼요.

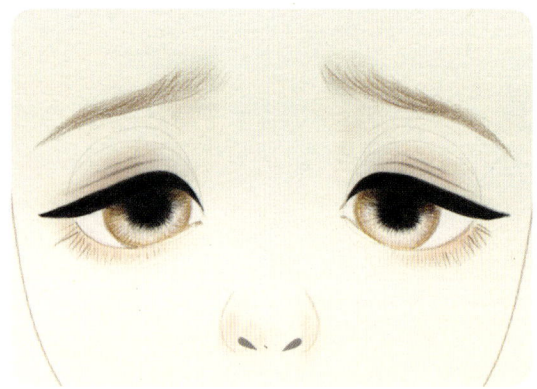

14 흰색과 시에나 아크릴 물감을 섞어 중간색을 만든 뒤, 공간을 채우는 느낌으로 **13**과 바탕색을 연결하듯 선으로 연하게 칠해요. **12~14**를 2~3회 반복하면 자연스러운 색이 나와요.

STEP 3
마무리하기

❦ 눈·눈썹·속눈썹 정리하기

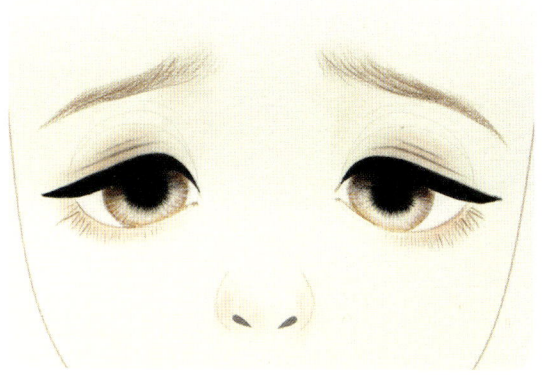

15 동공과 부채꼴 부분을 검정 파스텔로 칠하고 눈동자와 연결해요. 검정 색연필로 부채꼴 양옆과 동공 부분을 정리해요.

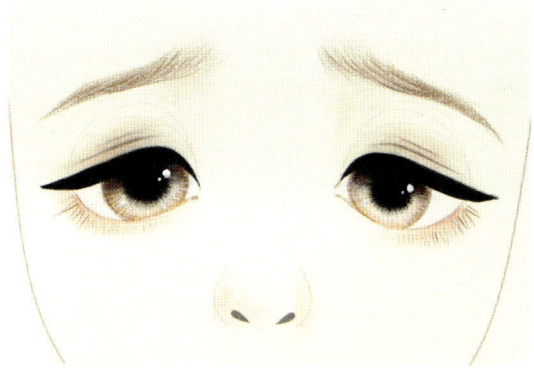

16 도트펜을 이용해 사선 방향으로 그림과 같이 흰 점을 찍어주세요.

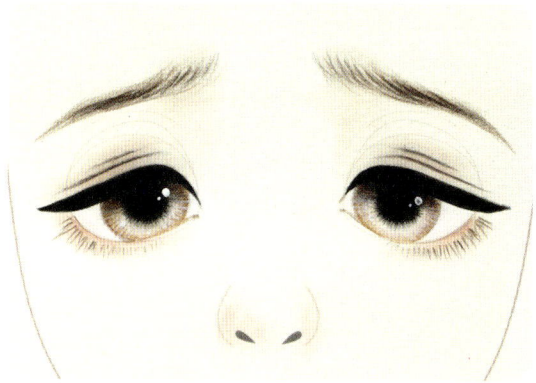

17 고동색 색연필로 눈썹과 아래 속눈썹, 쌍꺼풀을 좀 더 진하게 그려주세요.

∞ 기타 정리하기

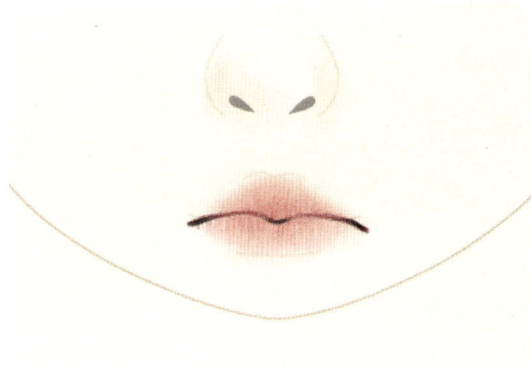

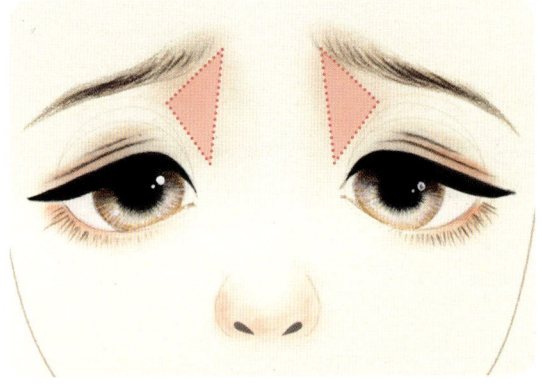

18 입술 안쪽은 장미색 색연필로, 바깥쪽은 코럴색 색연필로 주름을 그리고, 빨강 파스텔로 덧칠해요.

19 눈과 눈썹 안쪽 삼각 표시 부분에 연갈색 파스텔로 음영을 주면 더 슬픈 표정을 만들 수 있어요.

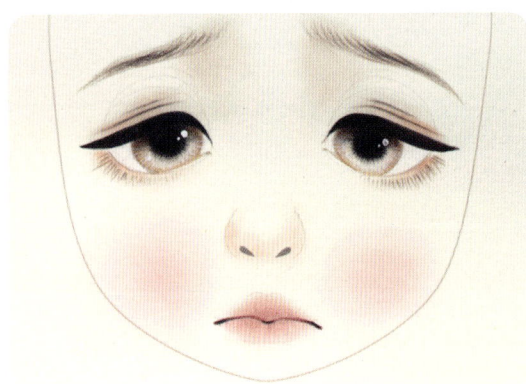

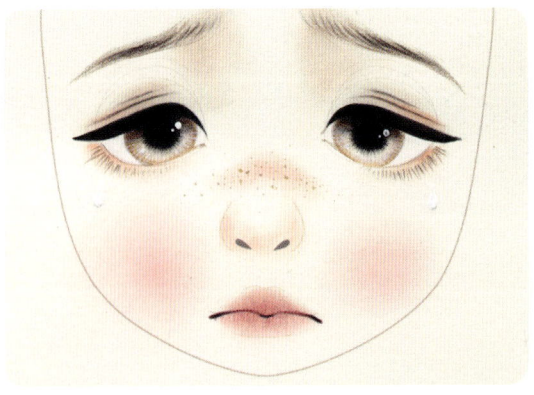

20 연분홍 파스텔로 볼터치를 동그랗게 퍼지듯 칠해요.

21 흰색 아크릴 물감으로 눈과 뺨 사이에 눈물방울을 그려 넣어요. 주근깨를 넣어도 잘 어울려요(p.118 참고).

TIP 눈물 방울은 아크릴 물감의 특징을 살려 물에 섞지 말고 도톰하게 올려보세요.

부록

초보자를 위한 완전 쉬운 색연필 리페인팅

물감 사용이 다소 어렵게 느껴지는 완전 초보 리페인터를 위해 준비했어요.
친숙한 미술도구인 색연필로 자유롭게 연습해보세요.
연습을 통해 자신감을 얻은 뒤에 앞의 실전 리페인팅을 시작하는 것도 좋아요!

TOOLS

기본 도구
아세톤·매직블록·무광코팅제·지름 1.6cm 원형 스티커·지름 0.8cm 원형 스티커·도트펜

컬러 도구
수채 색연필 흰색(101)·장미색(124)·코발트블루(143)·코발트그린(156)·고동색(177)·
검정(199)·갈색(283)
파스텔 연분홍·연갈색·빨강·검정

인형
클렌징을 마친 베이비돌(p.16 참조)

HOW TO REPAINT
STEP 1 스케치하기

※ 눈동자·아이라인·동공·쌍꺼풀 그리기

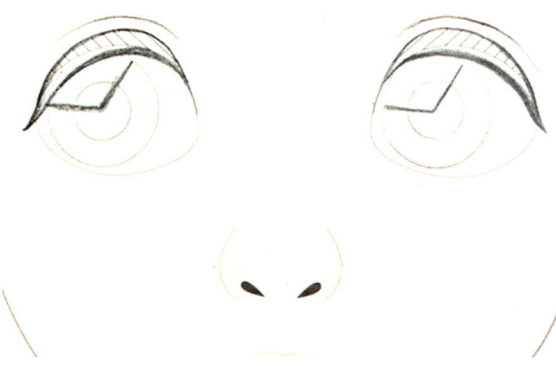

01
지름 1.6cm의 원형 스티커를 양쪽 눈에 붙입니다. 정중앙보다는 약간 왼쪽 측면에 붙이고 갈색 색연필로 눈동자를 그린 뒤 스티커를 떼요. 다시 지름 0.8cm 원형 스티커를 눈동자 중앙에 붙여 동공을 그린 뒤 스티커를 떼요. 쌍꺼풀 라인은 고동색 색연필로 홈을 따라 가늘게 그려요. 검정 색연필로 아이라인을 원래보다 살짝 아래로 내려 도톰하게 그리고, 눈동자와 아이라인이 닿는 부분을 부채꼴 모양으로 표시해요(9시, 1시 방향).

∞ 눈썹·속눈썹·점막 그리기

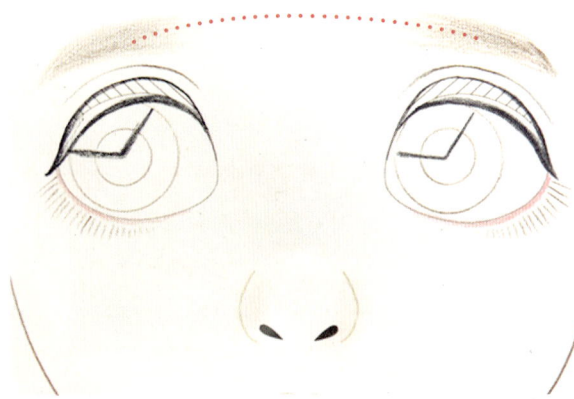

02

갈색 색연필로 눈썹을 그려요. 눈썹은 대칭이 되어야 하며 두 눈썹을 이었을 때 완만한 곡선이 나오는 느낌으로 그리고, 끝은 진하게 앞으로 올수록 연하게 그러데이션 하듯 칠해요. 아래 속눈썹은 1mm 간격으로 끝에서부터 자연스럽게 길이를 줄이며 눈 아래 중앙까지 그려요. 코럴색 색연필로 눈 아래에 점막을 그려요.

∞ 베이스 섀딩 주기

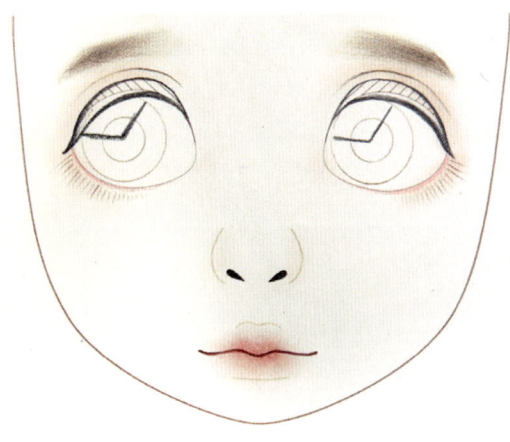

03

장미색 색연필로 입술 중앙 라인을 그린 다음, 빨강 파스텔을 붓에 묻혀 그러데이션 하듯 칠해요. 눈썹은 연갈색 파스텔로 끝에서 안쪽으로 칠하되 점점 연하게 칠해요. 쌍꺼풀 부분과 눈 주변은 연분홍 파스텔로 칠해요. 코의 양옆도 음영을 살짝 주면 입체감이 살아요.

STEP 2
컬러 입히기

∞ 눈동자·아이라인 칠하기

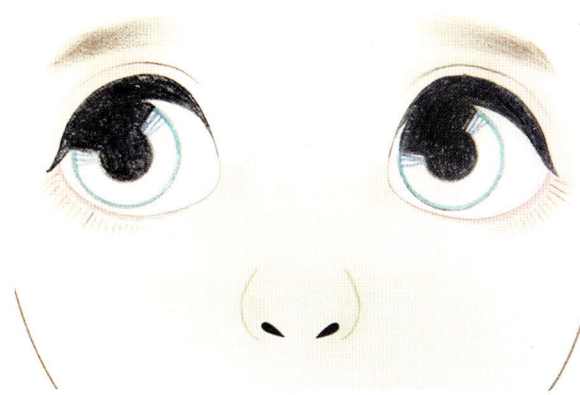

04

흰색 색연필로 흰자를 칠해요. 검정 색연필로 아이라인과 부채꼴 부분, 동공 부분을 진하게 칠하고, 부채꼴 바깥쪽 1mm를 코발트블루 색연필로 칠해요. 코발트그린으로 눈동자 라인을 따라 다시 한번 원을 그려요.

∞ 홍채 칠하기

05

코발트그린 색연필로 눈동자 라인에서 안쪽으로 짧은 선을 그어 홍채를 표현해요. 폭의 반만 칠하되 힘을 빼고 여러 번 반복해 칠해주세요. 코발트블루 선 사이사이에 코발트그린을 채워 칠해주세요.

06
흰색 색연필로 중앙에서 바깥쪽 방향으로 홍채를 이어요. 힘을 빼고 여러 번 반복하여 빈틈을 채우고 처음에 그렸던 눈동자 라인까지 칠해야 색이 섞이며 그러데이션이 돼요. 부채꼴 바깥쪽을 코발트블루 색연필로 다시 한번 칠해요.

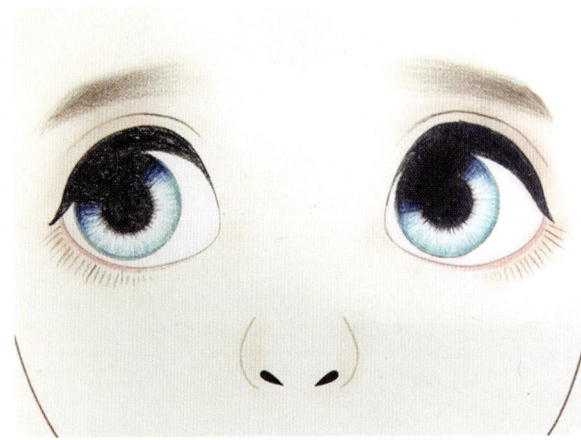

07
검정 색연필로 동공의 중앙에서 홍채와 이어지는 느낌으로 1mm 정도 선을 빼요. 부채꼴 부분도 라인이 잘 연결되도록 칠해요.

STEP 3
마무리하기

∞ 눈·입술 정리하기

08

검정 파스텔을 납작붓에 묻혀 부채꼴과 동공 부분을 칠해요(빈틈이 보일 경우 코팅제를 한 번 뿌린 뒤 '홍채 칠하기' 과정 반복). 도트펜을 이용해 사선 방향으로 그림과 같이 흰 점을 찍어요. 입술 안쪽은 장미색 색연필로, 바깥쪽은 코럴색 색연필로 그려요.

∞ 기타 정리하기

09

연갈색 파스텔로 눈썹, 쌍꺼풀, 언더라인에 색감을 더해 깊은 눈매를 완성해요. 빨강 파스텔로 입술 중앙부터 톡톡 칠해요. 눈 밑 쪽으로 연분홍 파스텔로 볼터치를 하고, 이마와 콧등에도 색을 살짝 넣으면 완성이에요.

도움 주신 분들

인형 협찬

플로라리아 FLORARIA

: 육일돌 은하수

BLOG
blog.naver.com/tlstkdsid7

INSTAGRAM
@doll_floraria

E-MAIL
flora-ria@naver.com
tlstkdsid7@naver.com

베이비링고 BABY RINGO

: 육일돌 웬디

BLOG
blog.naver.com/babyringo82

INSTAGRAM
@_babyringo_

알티돌 RTDOLL

: 육일돌 올리브

BLOG
blog.naver.com/rtdoll_friends

INSTAGRAM
@r.tdoll_friends

E-MAIL
rtdoll_friends@naver.com

WEBSITE
www.aroomfulloftoys.co.kr

의상 협찬

빈공쥬의 스타일

: 니트 외 전체 의상

BLOG
bubbie.blog.me

INSTAGRAM
@bingongjou

바늘공주

: 니트 의상

BLOG
blog.naver.com/bagunies

INSTAGRAM
@neddle_princess

지아의 인형 리페인팅 수업

2019년 07월 03일 초판 01쇄 발행
2020년 09월 10일 초판 02쇄 발행
-
지은이 김지아
-
발행인 이규상 편집인 임현숙
디자인팀 손성규, 이효재
마케팅실 이인국, 전연교, 윤지원, 김지윤, 안지영, 이지수 영업지원 이순복
-
펴낸곳 ㈜백도씨
출판등록 제2012-000170호(2007년 6월 22일)
주소 03044 서울시 종로구 효자로7길 23, 3층(통의동 7-33)
전화 02 3443 0311(편집) 02 3012 0117(마케팅) 팩스 02 3012 3010
이메일 book@100doci.com(편집·원고 투고)   valva@100doci.com(유통·사업 제휴)
블로그 blog.naver.com/100doci   인스타그램 @namusoo_book   카카오스토리 감성살림꿀팁
-
ISBN 978-89-6833-217-3 13630
ⓒ 김지아, 2019, Printed in Korea

나무[수]는 ㈜백도씨의 출판 브랜드입니다.
"이 책은 저작권법에 따라 보호받는 저작물이므로 무단 전재와 무단 복제를 금지하며,
이 책 내용의 전부 또는 일부를 이용하려면 반드시 저작권자와 ㈜백도씨의 서면 동의를 받아야 합니다."

* 파본이나 잘못된 책은 구입하신 곳에서 바꿔드립니다.

이 도서의 국립중앙도서관 출판예정도서목록(CIP)은 서지정보유통지원시스템 홈페이지(http://seoji.nl.go.kr)와
국가자료종합목록 구축시스템(http://kolis-net.nl.go.kr)에서 이용하실 수 있습니다. (CIP제어번호 : CIP2019024163)